Klaus Zok

Gesundheitliche Beschwerden und Belastungen am Arbeitsplatz

Ergebnisse aus Beschäftigtenbefragungen

WIdO Wissenschaftliches Institut der AOK

Kontakt:
Wissenschaftliches Institut der AOK (WIdO) (Hrsg.)
im AOK-Bundesverband GbR
Rosenthaler Straße 31, 10178 Berlin
E-Mail: wido@wido.bv.aok.de
Internet: www.wido.de

Klaus Zok

© KomPart Verlagsgesellschaft mbH & Co. KG, Berlin 2010

Dieses Werk ist urheberrechtlich geschützt. Die dadurch begründeten Rechte, insbesondere die der Übersetzung, des Nachdrucks, des Vortrags, der Entnahme von Abbildungen und Tabellen, der Funksendung, der Mikroverfilmung oder der Vervielfältigung auf anderen Wegen und der Speicherung in Datenverarbeitungssystemen, bleiben, auch bei nur auszugsweiser Verwertung, vorbehalten. Eine Vervielfältigung dieses Werkes oder von Teilen dieses Werkes ist auch im Einzelfall nur in den Grenzen der gesetzlichen Bestimmungen des geltenden Urheberrechtsgesetzes der Bundesrepublik Deutschland zulässig.

Redaktionelle Bearbeitung: Susanne Sollmann
Grafik und Satz: Ursula M. Mielke
Design und Umschlaggestaltung: Désirée Gensrich
Titelfoto: .shock - Fotolia.com
Druck: Mercedes Druck, Berlin

Internet: www.kompart.de

ISBN 978-3-940172-20-4

Inhalt

1	Einleitung	5
2	Die wichtigsten Ergebnisse im Überblick	7
2.1	Erwartungen an eine Mitarbeiterbefragung	7
2.2	Selbsteinschätzung der Gesundheit	7
2.3	Arbeitsbelastungen	8
2.4	Gesundheitliche Beschwerden	10
2.5	Interesse an Maßnahmen zur Verbesserung der Gesundheit am Arbeitsplatz	12
3	Das Instrument Mitarbeiterbefragung	13
3.1	Mitarbeiterbefragungen im Rahmen eines betrieblichen Gesundheitsmanagements	17
3.2	Organisation und Durchführung von Mitarbeiterbefragungen zur Gesundheit am Arbeitsplatz	19
3.3	Konzept und Methode der WIdO-Mitarbeiterbefragung	24
4	Ergebnisse aus Mitarbeiterbefragungen	29
4.1	Datenbasis	29
4.2	Erwartungen an eine Mitarbeiterbefragung	35
4.3	Subjektive Gesundheitsbewertung der Beschäftigten	37
4.4	Aussagen zu Arbeitsbelastungen	44
4.4.1	Körperliche Belastungen	45
4.4.2	Umgebungsbelastungen	50
4.4.3	Belastungen durch Unfallgefahren	54
4.4.4	Psychische Belastungen	58
4.5	Belastungskumulationen	66

5	Gesundheitliche Beschwerden	73
5.1	Prävalenzen einzelner gesundheitlicher Beschwerden	76

6	Mitarbeiter-Vorschläge zur Verbesserung der Arbeitsplatzgesundheit	87
6.1	Wahrnehmung von Maßnahmen der betrieblichen Gesundheitsförderung	91

7	Fazit	99

Literatur 105

Abbildungsverzeichnis 107

Tabellenverzeichnis 109

Stichwortverzeichnis 111

Anhang – Fragenkatalog 113

1 Einleitung

Hohe Arbeitszufriedenheit und Motivation der Mitarbeiter gelten als wichtige Kennzeichen erfolgreicher Unternehmen. Experten verweisen häufig auf die wachsende Bedeutung gesunder und motivierter Mitarbeiter für die Unternehmen und deren Wettbewerbsfähigkeit in einer krisenhaft wachsenden Informations- und Dienstleistungsgesellschaft. Nicht zuletzt der demografische Wandel wird die Unternehmen dazu zwingen, Arbeits- und Organisationsbedingungen zu schaffen, die es den Beschäftigten erlauben, gesünder älter zu werden. Vor diesem Hintergrund hat die Nachfrage nach Mitarbeiterbefragungen in Unternehmen als Instrument eines betrieblichen Gesundheitsmanagements (BGM) in den letzten Jahren zugenommen. Für die Unternehmensleitungen steht dabei erwartungsgemäß die Senkung des Krankenstands im eigenen Betrieb im Vordergrund. Krankheitsbedingte Fehlzeiten sind ein kostenrelevanter Faktor für die Unternehmen. Der Gewinn, den Unternehmen durch die Reduzierung von Fehlzeiten erwirtschaften, liegt weit über den Investitionen eines systematisch betriebenen Gesundheitsmanagements *(Badura/Hehlmann 2003, 4)*.

Im Folgenden werden zentrale Ergebnisse aus Mitarbeiterbefragungen vorgestellt, die im Kontext betrieblicher Gesundheitsförderungsmaßnahmen durchgeführt worden sind. Das Wissenschaftliche Institut der AOK (WIdO) hat dazu Daten aus Befragungen ausgewertet, die im Rahmen des AOK-Service „Gesunde Unternehmen" stattgefunden haben.

1 Einleitung

Für den Zeitraum von 2004 bis 2009 liegen Umfrage-Daten aus 147 Betrieben vor, das größte Unternehmen mit 2.252 Beschäftigten, das kleinste mit 35 Mitarbeitern.[1] Vertreten waren Betriebe und Firmen aus fast allen Wirtschaftszweigen (WZ), wobei die meisten befragten Mitarbeiter aus dem verarbeitenden Gewerbe kommen.

Die vorliegende Analyse von Mitarbeiterbefragungen zum Thema Gesundheit fokussiert v. a. auf Fragestellungen zu folgenden Themenbereichen:

- Belastungsfaktoren bei der Arbeit
- gesundheitliche Beschwerden
- Wahrnehmung von Maßnahmen der betrieblichen Gesundheitsförderung

Auch wenn die Datengrundlage nicht als repräsentativ für die Grundgesamtheit aller Erwerbstätigen in Deutschland gelten kann, ist doch ein Vergleich der Angaben der eigenen Beschäftigten mit den Ergebnissen anderer Firmen der jeweiligen Wirtschaftsbranche für die Betriebe von enormer Bedeutung. Die meisten Unternehmen wollen ferner wissen, welche Handlungsoptionen sich aus ihren Befragungsergebnissen ableiten lassen. Die vorliegende Metaanalyse bietet deshalb Anhaltspunkte und Vergleichsmöglichkeiten zur Interpretation und Umsetzung der eigenen Befragungsergebnisse. Darüber hinaus werden Informationen und Ratschläge zum Instrument, zur Methode und zur Durchführung von Mitarbeiterbefragungen vorgestellt.

---

[1] Ergebnisse aus WIdO-Mitarbeiterbefragungen für den Zeitraum vor 2004 in: *Vetter/Redmann (2005)* und *Redmann/Rehbein (2000)*.

2 Die wichtigsten Ergebnisse im Überblick

Die Befragungen von insgesamt 28.223 Beschäftigten geben Aufschluss darüber, wie Erwerbstätige ihre Arbeitsbedingungen beurteilen und ihre gesundheitliche Situation am Arbeitsplatz einschätzen. Im Folgenden werden die Kernaussagen der vorliegenden Metaanalyse aus Mitarbeiterbefragungen stichwortartig zusammengefasst.

2.1 Erwartungen an eine Mitarbeiterbefragung

Betriebliche Mitarbeiterbefragungen gelten als Frühwarnsystem.
Die zentrale Motivation für die Durchführung einer betrieblichen Mitarbeiterbefragung besteht – aus Sicht der Unternehmensleitungen und Arbeitnehmervertretungen – in der Identifikation gesundheitlicher Risikofaktoren am Arbeitsplatz und der Ermittlung von Ansatzpunkten für ein erfolgversprechendes betriebliches Gesundheitsmanagement im Unternehmen.

2.2 Selbsteinschätzung der Gesundheit

Positive Gesundheitsbewertungen nehmen mit dem Alter ab.
Lediglich etwas mehr als die Hälfte der befragten Mitarbeiter stuft die eigene Gesundheit als „sehr gut" oder „gut" ein (57,7 %). Ein Drittel

wertet kritisch mit „teils, teils" (32,8 %) und fast jeder Zehnte (9,5 %) bewertet seinen Gesundheitszustand als „weniger gut" bzw. „schlecht". Mit zunehmendem Alter werden durchweg häufiger negative Wertungen angegeben. Bei Beschäftigten, die über 50 Jahre alt sind, antwortet die Mehrheit (58,7 %) mit „teils, teils" bzw. mit „weniger gut" oder „schlecht".

Gesunde Arbeitsbedingungen sind wichtiger geworden.
Als wichtige Faktoren für die eigene Gesundheit werden zunächst „genügend Schlaf" und „ausgewogene Ernährung" benannt (58,9 % und 55,4 % der Nennungen). „Gesunde Arbeitsbedingungen" sind aus Sicht der Beschäftigten deutlich wichtiger geworden: Die Angaben hierzu (55,0 %) haben im Zeitvergleich deutlich zugelegt. Während jüngere Beschäftigte häufiger Faktoren wie „Schlaf", „Bewegung", aber auch „Entspannung" als wichtig für die eigene Gesundheit angeben, priorisieren ältere Arbeitnehmer häufiger die „Beteiligung an Früherkennungsuntersuchungen" und „gesunde Arbeitsbedingungen".

2.3 Arbeitsbelastungen

„Sich krummlegen" – Die Mitarbeiter geben nach wie vor häufig schwere körperliche Arbeiten als belastend an.
Einseitige Belastungen wie „ständiges Sitzen" und „Bewegungsmangel" werden häufig als stark belastende Faktoren bei der Arbeit angegeben (22 % und 19,0 %). Schwere körperliche Arbeiten spielen nach wie vor eine große Rolle: Viele Befragungsteilnehmer klagen über starke Belastungen durch „Heben und Tragen" (20,6 %) und Arbeiten, die in körperlichen Zwangshaltungen verrichtet werden (gebückte Haltung: 17,6 %). Die Angaben differenzieren nach der Branchenzu-

gehörigkeit der Befragten. In der Gesundheits- und Sozialbranche mit einem hohen Anteil pflegerischer Berufe werden die meisten körperlichen Belastungen benannt.

Die Befragten kritisieren häufig Lärm und ungünstige klimatische Arbeitsbedingungen.
In der unmittelbaren Arbeitsplatzumgebung der Teilnehmerbetriebe werden häufig Lärm und Wärme bzw. Hitze als starke Belastungsfaktoren angegeben (23,8 % und 20,7 %). Rund jeder Fünfte kritisiert starke Beanspruchungen in einer schlecht belüfteten oder zugigen, kalten Umgebung (21,2 % und 18,3 %). Bei Beschäftigten aus der Branche „Verkehr und Lagerei" lassen sich insgesamt die meisten starken Beanspruchungen ermitteln. Mehr als ein Drittel der dort Beschäftigten geben für ihre Arbeitsumgebung jeweils starke Belastungen durch Zugluft, Kälte sowie den häufigen Wechsel zwischen klimatischen Faktoren an.

Unfallgefahren werden vergleichsweise wenig benannt.
Die Belastungen durch Unfallgefahren am Arbeitsplatz spielen in den vorliegenden Daten zwar eine untergeordnete Rolle – allerdings sind die Folgen dieser Belastungen für die Betroffenen gravierend. So fühlen sich immerhin sechs Prozent der befragten Mitarbeiter durch den Umgang mit Gefahrenstoffen stark belastet oder erleben die Handhabungen von Arbeitsgeräten, Maschinen, Fahrzeugen oder den Aufenthalt in deren Nähe als gefährlich. Fünf Prozent sehen sich am Arbeitsplatz durch Unfall- bzw. Absturzgefahren stark gefährdet. Mitarbeiter aus dem Handel liefern überdurchschnittlich häufig Hinweise auf Umsetzungsdefizite im Arbeitsschutz.

Stress, Zeit- und Leistungsdruck – psychische Belastungsfaktoren spielen im Arbeitsalltag eine größere Rolle als körperliche.
Die empirischen Befunde aus Mitarbeiterbefragungen dokumentieren eine hohe Relevanz psychischer Stressoren. An erster Stelle stehen Anforderungen wie ständige Aufmerksamkeit und Konzentration bei der Arbeit sowie Termin- bzw. Leistungsdruck, fast jeder Dritte fühlt sich durch diese Faktoren stark belastet (30,1 % und 29,8 %). Vielfach zeigt sich ein deutlicher Alterseffekt. Insbesondere bei Arbeitsbedingungen, die durch Zeitdruck, hohe Arbeitsgeschwindigkeit und große Arbeitsmengen geprägt sind, zeigen sich die jüngeren Mitarbeiter deutlich weniger belastet als ihre älteren Kollegen. Nach der Branchendifferenzierung weisen Beschäftigte aus der Gesundheits- und Sozialbranche bei den meisten Items jeweils die höchsten Belastungsanteile auf. Sie erleben häufig die hohe Verantwortung ihrer Tätigkeit in Verbindung mit Zeit- sowie Leistungsdruck bei ständiger Aufmerksamkeit als stark belastend.

2.4 Gesundheitliche Beschwerden

Die Angaben gesundheitlicher Beschwerden der befragten Beschäftigten nehmen mit dem Alter zu. Deutlich wird ferner, dass dabei weibliche Beschäftigte – über alle Altersklassen hinweg – häufiger gesundheitliche Beschwerden benennen als ihre männlichen Kollegen.

Rückenschmerzen und Verspannungen sind am weitesten verbreitet.
Bei den Fragen nach akuten gesundheitlichen Problemen nennen die meisten Beschäftigten muskuloskelettale Beschwerden. An erster Stelle stehen Rückenschmerzen und Verspannungen – mehr als ein Drittel (37,1 % und 35,4 %) der Befragten leidet „immer" bzw. „häufig" dar-

unter. Bei den über 50-Jährigen geben rund zwei Fünftel der Befragten Rücken- oder Gelenkschmerzen bzw. Verspannungen an.

An zweiter Stelle stehen psychovegetative Beschwerden.
Am häufigsten werden Symptome wie Müdigkeit und Erschöpfung (30,1 %) genannt. Nahezu jeder vierte Mitarbeiter gibt in diesem Zusammenhang ständige bzw. häufige Kopfschmerzen (24,6 %) und Schlafstörungen (23,4 %) an.

Frauen geben häufiger Beschwerden an als Männer.
Auffällig ist, dass Frauen häufiger gesundheitliche Beschwerden benennen – obwohl sie andererseits ihre Arbeitsbelastungen niedriger einstufen als Männer. Besonders große Differenzen im Antwortverhalten zeigen sich bei der Benennung von Verspannungen (42,1 %), Kopfschmerzen (28,9 %), Kreislaufproblemen (13,9 %) sowie bei der Angabe von Verdauungsstörungen und Appetitlosigkeit (12,9 % und 6,2 %). Hier sind die Prozentanteile der Frauen, die „immer" oder „häufig" angegeben haben, fast doppel so hoch wie die entsprechenden Anteilswerte bei den Männern.

Für die Mehrheit der Befragten besteht ein Zusammenhang zwischen ihren gesundheitlichen Problemen und dem Arbeitsplatz.
Bei vielen gesundheitlichen Beschwerden spielen aus Sicht der Befragten arbeitsbedingte Einflüsse eine Rolle. Die zehn häufigsten gesundheitlichen Probleme werden von mindestens jedem zweiten Befragten in Zusammenhang mit dem Arbeitsplatz gebracht.

2.5 Interesse an Maßnahmen zur Verbesserung der Gesundheit am Arbeitsplatz

Die Mehrheit der Befragten möchte mehr für die eigene Gesundheit tun.
Auf die Frage nach konkreten Maßnahmen zur Verbesserung der Gesundheit am Arbeitsplatz favorisieren die Beschäftigten in den Betrieben – über alle Alters- und Geschlechtsgruppen hinweg – arbeitsplatzbezogene Rückenschulungen (47,3 %) und Angebote zur Stressbewältigung bzw. Entspannung (43,3 %).

3 Das Instrument Mitarbeiterbefragung

Bei einer Mitarbeiterbefragung handelt es sich um eine standardisierte sozialwissenschaftliche Methode der Datengewinnung, „welche die Wahrnehmungen, Bewertungen, Einstellungen, Gefühle und Verhaltensweisen der Mitarbeiter bezüglich der Arbeit, der Organisation sowie der eigenen Person systematisch über die Technik der Befragung erfasst" *(Pfaff/Pühlhofer 2003, 215).*

Im Unterschied zu anderen Umfragen ist die Zielgruppe hier weitgehend durch tägliche Zusammenarbeit, gemeinsame Ziele und Erfahrungen geprägt. Während bei herkömmlichen Befragungen in der Marktforschung nichts über den Hintergrund der Probanden bekannt ist, werden in einer Mitarbeiterbefragung Meinungen und Kenntnisse abgefragt, für die Mitarbeiter aufgrund ihrer Nähe zum Sachverhalt Experten und Betroffene sind. Im Gegensatz zu epidemiologischen Maßen gesundheitlicher Beeinträchtigungen, Krankheitsmaßen oder Krankenstandsquoten informieren sie als „Statthalter von Gesundheit" über ihre Arbeitsbedingungen, über Belastungen und gesundheitlichen Beschwerden *(Beck et al. 2010).* Diese Erhebungsform liefert somit als „umfassende Analyse des Ist-Zustandes aus der Sicht der Mitarbeiter" eine notwendige Grundlage für gezielte Verbesserungsmaßnahmen *(Töpfer/Zander 1985, 10).*

Mitarbeiterbefragungen gehören „zu einem der meist benutzten Instrumente der Organisationsführung und Organisationsentwicklung"

(Neugebauer 2003, 3) und können mit verschiedenen Zielsetzungen durchgeführt werden. Sie haben sich in den letzten Jahren von allgemein gehaltenen „Betriebsklimabefragungen" und „Stimmungsbarometern" zu einem effizienten, strategischen Feedback-Instrument der partizipativen Organisationsführung entwickelt, die im Rahmen kontinuierlicher Verbesserungsprozesse eingesetzt werden *(Domsch/Ladwig 2000)*. Die Motive für die Durchführung sind somit weniger „demoskopischer" Natur, vielmehr werden in den Unternehmen meist spezifische Absichten und Ziele verfolgt, wobei das Hauptziel darin besteht, die Zufriedenheit und die Leistung der Mitarbeiter zu erhöhen.

Mitarbeiterbefragungen gelten dabei nach *Domsch/Schneble* als

- ein Instrument der zeitgemäßen Unternehmensführung, mit dem Auftrag der Unternehmensführung.
- Sie werden in Zusammenarbeit mit der Mitarbeitervertretung anonym, auf freiwilliger Basis
- bei allen Mitarbeitern oder als repräsentative Stichprobe oder auf bestimmte Zielgruppen beschränkt,
- unter Beachtung methodischer, organisatorischer und rechtlicher Rahmenbedingungen durchgeführt.
- Sie liefern Informationen über die Einstellungen, Erwartungen und Bedürfnisse der Mitarbeiter in unterschiedlichen Bereichen der betrieblichen Arbeitswelt,

um daraus Hinweise auf betriebliche Stärken und Schwächen als Grundlage konkreter Maßnahmen ableiten zu können *(Domsch/ Schneble 1992)*.

Ein wichtiger Punkt bei der Konzeption einer Mitarbeiterbefragung ist ferner die konzeptionelle Entscheidung, „ob die Mitarbeiterbefragung primär nur messen soll oder ob sie als Intervention mit einer bestimmten Veränderungsabsicht gedacht ist." *(Borg 2003, 30)* Mitarbeiterbefragungen lassen sich sowohl zur Diagnostik („Schwachstellenanalyse") und zur Planung als auch zur Evaluation durchgeführter Interventionen verwenden. „In vielen erfolgreichen Unternehmen gehören Mitarbeiterbefragungen schon länger zur Routine. Allseits akzeptiert und zugleich salutogen wirkt dieses Instrument dort, wo es als Investition in das Sozialkapital verstanden wird" *(Badura/Hehlmann 2003, 51)*.

Bei der Durchführung von Mitarbeiterbefragungen können verschiedene Formen gewählt werden. Die standardisierte schriftliche Befragung (paper & pencil) zählt dabei zu den gängigsten Verfahren in der Praxis. Hier werden hohe Beteiligungsquoten *(Neugebauer 2003, 20)* erreicht, weil Organisation und Ablauf des Prozesses von den Mitarbeitern als aktueller partizipativer Bestandteil des betrieblichen Geschehens wahrgenommen werden, sie sich über die relevanten Themen austauschen und weil sie sich gegenseitig zur Teilnahme motivieren können. Nicht zu unterschätzen ist die Kontrolle der Mitarbeiter über den Teilnahmeablauf: Die Mitarbeiter haben einen Fragebogen in der Hand und können ihn selbst freiwillig – ähnlich wie bei einem demokratischen Wahlvorgang – in einem verschlossenen Umschlag in eine dafür vorgesehene Urne werfen oder an ein externes Auswertungsinstitut schicken.

Immer häufiger werden Mitarbeiterbefragungen aber auch online durchgeführt. Auch wenn hier im jeweiligen Betrieb bestimmte technische Voraussetzungen gegeben sein müssen (Zugang zum Intranet, Benutzerfreundlichkeit), bestehen die Vorteile dieses Verfahrens – neben elektronischer Nutzersteuerung und Filterführung – v. a. in der schnelleren und kostengünstigen Durchführung. Allerdings werden Online-Befragungen in Unternehmen nicht selten aus Datenschutzgründen kritisch diskutiert: das Problem besteht hauptsächlich darin, „wie den Mitarbeitern vertrauenswirksam vermittelt werden kann, dass die Daten hundertprozentig anonym behandelt werden" *(Neugebauer 2003, 21).*

Das persönliche Interview wird vorrangig bei der Initiierung von Veränderungsprozessen eingesetzt und es bietet eine offene Gesprächsführung mit Experten vor Ort. Dieses qualitative Verfahren weist aber deutliche Nachteile auf: Es kostet mehr Zeit und Geld, die Daten sind weniger vergleichbar und schwieriger auszuwerten, die Anonymität ist kaum zu gewährleisten.

Weitere Unterscheidungsmerkmale bestehen in der Form der Stichprobenziehung (Stichprobe oder Vollerhebung) und der Konzeption (Mehrthemenbefragung oder inhaltlicher Schwerpunkt). Mitarbeiterbefragungen können unterschiedlichen inhaltlichen Zielen und Verwendungsformen dienen. Je nach Zweck lassen sich – neben den am häufigsten vorkommenden Meinungs- und Klimabefragungen – ferner Benchmark- und kennzahlenorientierte Typen identifizieren, die einen systematischen Bestandteil eines Veränderungsmanagements darstellen *(Borg 2003).* In der Literatur werden vorrangig sechs Ziele für eine Mitarbeiterbefragung unterschieden:

- Informationsgewinnung
- die Beschleunigung von Veränderungsprozessen
- die Verstärkung des Dialogs zwischen Führungskräften und Mitarbeitern

- die Identifikation von Schwachstellen und Handlungschancen
- die Kontrolle bzw. Beurteilung von Arbeitsabläufen
- die Erhebung von Vergleichsdaten

„Das oberste Ziel ist und bleibt allerdings die Identifizierung von Schwachstellen als auch von Stärken, um so die Leistungsfähigkeit und Effizienz eines Unternehmens zu erhöhen" *(Neugebauer 2003, 7ff)*.

3.1 Mitarbeiterbefragungen im Rahmen eines betrieblichen Gesundheitsmanagements

Die Frage, ob und wann die Gesundheit von Arbeitnehmern beeinträchtigt wird, kann auch mit Hilfe von Mitarbeiterbefragungen beantwortet werden. Sie gelten als „probates Mittel, um die Belastungssituation und deren Wirkung auf die Beanspruchungen im konkreten betrieblichen Kontext zu erfassen" *(Institut für Betriebliche Gesundheitsförderung 2007, 2)*.

Das Potenzial von Mitarbeiterbefragungen wird allerdings nur dann voll ausgeschöpft, wenn es in ein betriebliches Gesundheitsmanagement eingebunden ist *(Badura et al. 1999)*. Krankenkassen wie die AOK bieten den Unternehmen zur Fehlzeitendiagnose deshalb unter anderem zusätzlich die Durchführung von Mitarbeiterbefragungen an – meist kombiniert mit betriebsbezogenen Analysen zum Krankenstand, Gesundheitszirkeln und Arbeitssituationsanalysen. Im Anschluss an die Ursachen-Wirkungs-Analysen entwickeln die AOK-Mitarbeiter vor Ort gemeinsam mit dem Unternehmen auf die spezifischen, betrieblichen Bedürfnisse abgestimmte, qualitätsgesicherte

Gesundheitsangebote, um arbeitsbedingte Gesundheitsgefahren zu identifizieren und abzubauen. Diese Angebote helfen den Unternehmen dabei, die Arbeits- und Gesundheitssituation ihrer Belegschaften merklich zu verbessern und damit die Krankenstände zu senken.

Zur Sicherstellung der Qualität der Erhebung und zur Steigerung des Nutzwerts von Mitarbeiterbefragungen im Rahmen eines betrieblichen Gesundheitsmanagements haben sich in der Vergangenheit drei Bedingungen bewährt *(Pfaff/Pühlhofer 2003, 216)*:

- die Verwendung standardisierter Befragungsverfahren
- der Gebrauch von nachweislich reliablen und validen Messinstrumenten
- die Nutzung von Messinstrumenten, die sich in sozialepidemiologischen Studien bewährt haben

Bei der Konstruktion eines Fragebogens müssen Fragen und Antworten gut aufeinander abgestimmt sein. Dabei ist zu berücksichtigen, dass „die Fragebogenentwicklung (...) eine höchst anspruchsvolle und aufwendige Aufgabenstellung ist. Insbesondere bei der Erfassung von Gesundheit und Wohlbefinden sowie in den pathogenen und salutogenen Einflussgrößen sollte daher in jedem Fall auf standardisierte Skalen zurückgegriffen werden" *(Walter 2003, 89; Pfaff/Pühlhofer 2003, 216)*.

3.2 Organisation und Durchführung von Mitarbeiterbefragungen zur Gesundheit am Arbeitsplatz

Die Durchführung von Mitarbeiterbefragungen umfasst mehr als die bloße Befragung von Beschäftigten. Der gesamte Prozess sollte möglichst offen für alle Beteiligten sein, die Mitarbeiter bei der Instrumentenentwicklung eingebunden werden. Ihnen sollten folgende Kriterien vorab zugesichert werden *(Bungard 1997, 12)*:

- Freiwilligkeit bei der Teilnahme
- anonymisierte Auswertung
- Transparenz von Ablauf und Organisation einer Umfrage
- Offenlegung der Befunde

Eine präzise und sachliche Information der Beteiligten im Vorfeld über Ziele und Ablauf der Erhebung sowie eine differenzierte Rückmeldung (Survey-Feedback) über ihre Ergebnisse sind zentrale Erfolgsfaktoren. Sie helfen mögliche Widerstände in der Belegschaft abzubauen. Darüber hinaus muss klar sein, was mit den erhobenen Daten und Ergebnissen geschehen soll. Hier ist es wichtig, dass eine Mitarbeiterbefragung nur solche Sachverhalte thematisiert, die im Anschluss auf Veränderung geprüft werden können.[2]

---

[2] Neugebauer resümiert in ihrem Literaturbericht: „Nichts ist schlimmer an einer Mitarbeiterbefragung als munter drauf loszufragen, nicht richtig zu wissen, wie man was auswertet und dann die Mitarbeiter keine Veränderungen spüren zu lassen." *(Neugebauer 2003, 17)*.

Der typische Ablauf einer interventionsorientierten Mitarbeiterbefragung ist als Phasenmodell in *Abbildung 1* dargestellt. In der Regel beginnt der Prozess damit, dass die Unternehmensleitung nach den Gründen für die Krankenstände in dem betroffenen Betrieb sucht, die sich im Vergleich zum Branchendurchschnitt entweder in Höhe oder Struktur unterscheiden. Zunächst werden die betrieblichen Routinedaten (Personalbestandsentwicklung, Fehlzeiten, Morbiditäts- und Unfallgeschehen) aus verschiedenen Organisationseinheiten oder Teilgruppen des Unternehmens gesichtet und zusammen mit der AU-Statistik die Gründe für die Fehlzeiten analysiert. Zusätzlich zu einer sorgfältigen datengestützten Diagnostik der AU-Daten durch die AOK vor Ort liefert eine Analyse von Mitarbeiterbefragungsdaten Aussagen über Ursachen-Wirkungs-Zusammenhänge.

Die interessierenden Items für den WIdO-Fragebogen können vom Unternehmen betriebsspezifisch zusammengestellt werden. Das Instrument ist deshalb modular angelegt: Aus dem Fragenkatalog kann entweder ein kurzer Standardfragebogen mit rund 15 Standard-Basisfragen ausgewählt oder ein eigenes Instrument zusammengestellt werden. Darüber hinaus besteht für beteiligte Unternehmen die Möglichkeit, auf den jeweiligen Betrieb bezogene, zusätzliche Fragen frei zu wählen. Nicht selten werden bei der Diskussion mit wichtigen Interessengruppen oder Personen eines Betriebes (z. B. mit Geschäftsführung, Betriebsrat) – etwa durch einen Steuerkreis oder eine Projekt- oder Arbeitsgruppe Gesundheit – weitere sinnvolle Fragestellungen identifiziert und eingebracht. Die Firmenkundenberater der AOK unterstützen interessierte Betriebe bei Bedarf bei der Auswahl geeigneter Fragen.

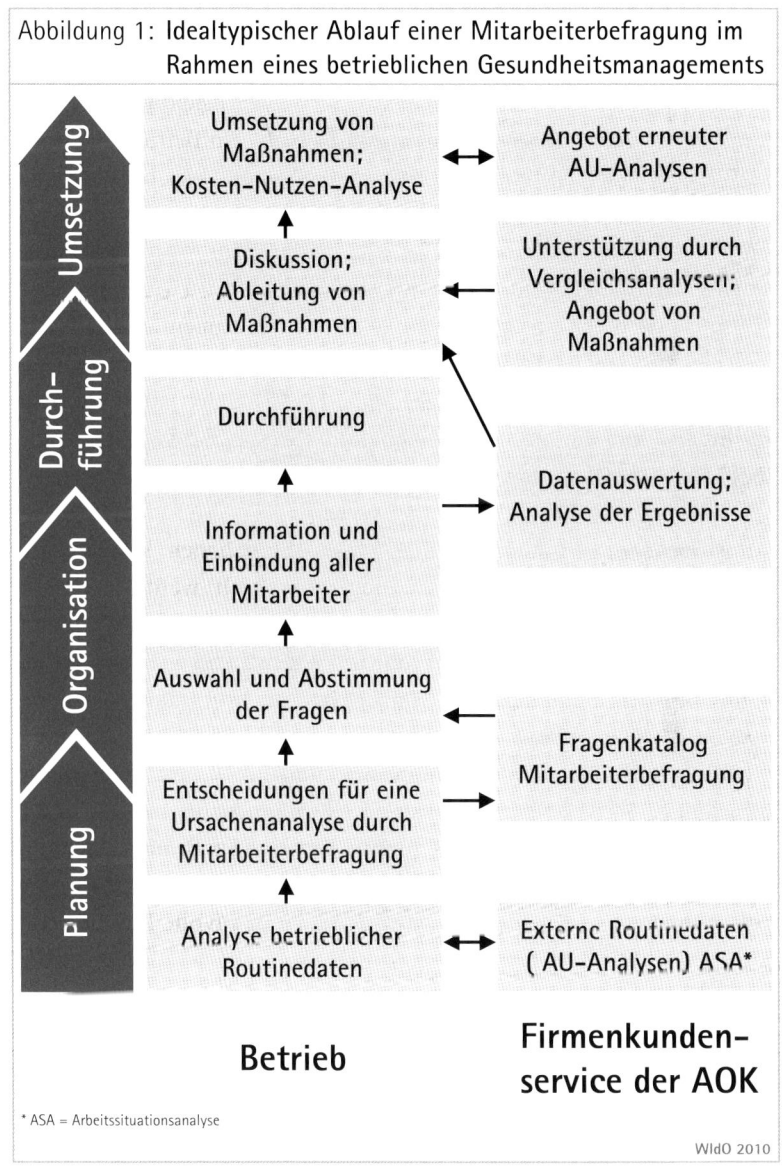

Abbildung 1: Idealtypischer Ablauf einer Mitarbeiterbefragung im Rahmen eines betrieblichen Gesundheitsmanagements

Vor der Durchführung muss ferner geklärt werden, welche Mitarbeiter des Unternehmens befragt werden sollen (Stichprobe oder Vollerhebung). Im Normalfall sind alle Mitarbeiter eines Betriebes zur Teilnahme aufgefordert. Ausgrenzungen einzelner Gruppen müssen gründlich überlegt sein, hier ist es meist sinnvoller, diese durch eine entsprechende demografische Variable zu identifizieren und gesondert auszuwerten. Letztlich hängt die Entscheidung von der Strategie des betrieblichen Gesundheitsmanagements ab. Geht es z. B. um die gezielte Vermeidung einzelner gesundheitsbelastender Faktoren, kann es sinnvoll sein, die Mitarbeiterbefragung nur dort durchzuführen, wo der Krankenstand am höchsten ist.

Die frühzeitige Information der Beteiligten über den Ablauf, die Ergebnisse und die Folgen der geplanten Befragung ist ein wesentlicher Erfolgsfaktor und trägt zur Verbesserung von Commitment und Betriebsklima bei *(Domsch/Ladwig 2000)*. Ziel und Prozess einer Mitarbeiterbefragung sollten allen Mitarbeitern klar sein, damit sie motiviert sind teilzunehmen. Wichtig ist, dass sowohl das Management als auch der Betriebsrat die Befragung unterstützen. Die Anonymität der Befragten und die Vertraulichkeit der Befragungsdaten sollten auf jeden Fall sichergestellt werden (ggf. durch den Betriebsrat oder Datenschutzbeauftragten). Untersuchungen belegen, dass die Rücklaufquoten steigen, wenn erklärt wird, wie die Anonymität der Befragten sichergestellt wird *(Hippler et al. 1990)*. So sollte vorab eine Regelung getroffen werden, wonach eine Auswertung nach Organisationseinheiten nur dann stattfindet, wenn pro Einheit z. B. mindestens zehn Fragebögen vorliegen.

An die Planung und Information schließt sich die Erhebung und Auswertung der Daten an. Die eigentliche Datenerhebung findet idealerweise während der Arbeitszeit entweder am Arbeitsplatz oder in einem gesonderten Raum (Klassenzimmer-Befragung) statt. In einigen Fällen bekommen die Mitarbeiter den Fragebogen nach Hause geschickt und senden den ausgefüllten Bogen direkt an das Befragungsinstitut zurück (postalische Befragung).³ Für die Beantwortung des Fragebogens wird i. d. R. eine halbe Stunde angesetzt. Die abgegebenen Fragebögen werden gesammelt und an ein externes, unabhängiges Auswertungsinstitut geschickt, wo die Befragungsdaten erfasst und ausgewertet werden.

Die ausführliche Diskussion und Bewertung der Ergebnisse erfolgt betriebsintern beispielsweise in einem Steuerkreis. Dieser Schritt ist zu empfehlen, um relevante Problembereiche im Unternehmen zu identifizieren und Handlungsbedarfe festzulegen. Ergebnisdiskussion und -Bewertung sind Voraussetzung für die Planungssicherheit und Durchführung wirksamer Interventionen. Sowohl die betroffenen Beschäftigten als auch das Management sind über zentrale Ergebnisse ausreichend zu informieren.

Die ausgewertete Mitarbeiterbefragung wird dazu meist in einem Ergebnisbericht zusammengestellt. Er enthält kommentierte Statistiken, deren Bewertung durch Quervergleiche mit anderen Organisationseinheiten innerhalb des Betriebes und Benchmarks aus anderen Branchen unterstützt wird. Darüber hinaus sind Rückmeldungen (Survey-Feedback) in Form von zielgruppenorientierten Präsentatio-

---

[3] In einigen Betrieben ist der Versand zusammen mit der Lohn- oder Gehaltsabrechnung erfolgt.

nen möglich (etwa auf Geschäftsführungs-, Abteilungs- oder Teamebene).

Auf die Umfrage bzw. die Präsentation der Ergebnisse können z. B. Workshops in Zusammenarbeit mit der zuständigen AOK folgen, die dazu dienen, dass mit den Ergebnissen systematisch weitergearbeitet wird. Die AOK bietet hier eine Reihe konkreter und betriebsspezifischer Maßnahmen (wie z. B. Rückenschulen, Entspannungstrainings sowie Arbeitssituationsanalysen und Arbeitsplatzbegehungen) zur Verbesserung der Gesundheit am Arbeitsplatz an. Um die Diagnose und die nötigen Interventionen auf eine gesicherte Basis zu stellen, ist ferner die Implementierung einer systematischen betrieblichen Gesundheitsberichterstattung denkbar.

3.3 Konzept und Methode der WIdO-Mitarbeiterbefragung

Die Grundlage der vorliegenden Datenanalyse bilden anonymisierte Ergebnisse aus Mitarbeiterbefragungen, die im Rahmen des AOK-Service „Gesunde Unternehmen" durchgeführt worden sind.[4] Diese Erhebungen sind im Ansatz interventionistisch angelegt, d. h. sie erfolgen optimalerweise im Rahmen eines systematisch durchgeführten betrieblichen Gesundheitsmanagements. Im Mittelpunkt der Mitarbeiterbefragungen steht der sich anschließende Veränderungsprozess, der die Identifizierung und Verbesserung der gesundheitlichen Situation der Beschäftigten am Arbeitsplatz zum Ziel hat, nicht die Ermittlung von statistischen Umfragewerten. Die AOK-Mitarbeiter-

---

[4] siehe hierzu auch *Kapitel 1*.

befragungen erfüllen hier – vom Anspruch her – eine diagnostische Funktion, sollen gleichsam die „Ohren an der Basis" sein *(Borg 2003, 20).*

Die Rolle der befragten Mitarbeiter ist nicht die der Versuchsperson oder des Messobjekts. Vielmehr geht es darum, „Betroffene zu Beteiligten" an einem von der Unternehmensleitung gewollten Interventionsprozess zu machen – der beteiligte Mitarbeiter ist somit als „Diagnostiker" bei der Gesundheitsbelastungs- und Fehlzeitenanalyse gefragt. Die Rolle der Befragungsteilnehmer in diesem Ansatz geht über die des Problemidentifizierers hinaus, sie ist die des aktiven Mitarbeiters.

Der vom WIdO in Zusammenarbeit mit Experten der AOK und verschiedenen Unternehmen im Jahr 2003 entwickelte schriftliche Fragenkatalog ist – nutzerorientiert – modulartig angelegt: Er misst mit über 100 standardisierten und geschlossenen Fragen verschiedene zentrale Indikatoren von Gesundheit und Krankheit am Arbeitsplatz aus der Perspektive der Mitarbeiter. Dazu zählen Themen wie „persönliche gesundheitliche Situation", „Arbeitsbedingungen und Beanspruchungen", „Belastungsfaktoren am Arbeitsplatz", „soziale Beziehungen und Führungsverhalten" und „Arbeitszufriedenheit" *(siehe Tabelle 1).* Diese Standardthemen und -fragen entsprechen im Wesentlichen dem, was die umfangreiche Forschung zum Thema Arbeitszufriedenheit als wichtig identifiziert hat. Die Messung der einzelnen Themen erfolgt jeweils durch eine Reihe von getesteten Einzelitems.[5] Die Formulierung und Antwortskalierung der einzelnen Items

---

[5] Auf die Verwendung von komplexen Skalen bzw. Itembatterien zu einzelnen Themen wird hier bewusst verzichtet *(siehe dazu Borg 2003, 143f).*

stehen dabei weitgehend fest, was eine Vergleichbarkeit der Ergebnisse gewährleistet.

Tabelle 1: Themenspektrum der WIdO-Mitarbeiterbefragung		
	Anzahl	
Thema	Fragen	Items
Gesundheitliche Situation	16	67
Belastungsfaktoren am Arbeitsplatz	1	56
Arbeitsbedingungen und Beanspruchungen	28	51
Arbeitszufriedenheit	22	38
Soziale Beziehungen und Führung	29	31
Wahrnehmung Betrieblicher Gesundheitsförderung	4	4
Persönliche Angaben (Demografie)	12	12
Summe	112	259

WIdO 2010

Um bei den beteiligten Mitarbeitern in den Betrieben ein hohes Maß an Vertrauen hinsichtlich Datenschutz und Anonymisierung zu erreichen, wird die jeweilige Erhebung nicht einfach firmenintern abgewickelt, sondern für die Datenerfassung und Analyse ein externes, kommerzielles Institut eingeschaltet. Dort werden die Angaben zu Einstellungen, Bewertungen und Verhaltensweisen der Beschäftigten systematisch computergestützt erfasst und anschließend anonymisiert ausgewertet. Die Befragungsergebnisse werden dann in den jeweiligen Betrieb (in Berichtsform) zurückgespiegelt und umgesetzt. Konzeptionell stellt das Instrument „Mitarbeiterbefragung" keine allgemeine Klimabefragung oder Meinungsumfrage in den Betrieben dar – sie ist vielmehr eine zielgerichtete Intervention im Rahmen eines abgestimmten betrieblichen Gesundheitsmanagements.

Der Fragebogen besteht aus sog. „echten" Fragen, die direkt nach der subjektiven Intensität und dem Zusammenhang von Arbeitsbelastungen und Beanspruchungen der Mitarbeiter fragen. Ferner werden Zufriedenheitsfragen angeboten, die das Urteil eines Mitarbeiters zu einem bestimmten Inhalt erheben. Pauschal formulierte Zustimmungsaussagen werden nicht angeboten, um Interpretationsprobleme zu vermeiden. Die Befragten können ihre Angaben meist auf mehrstufigen, sog. ordinalskalierten Antwortkategorien (z. B. „immer", „häufig", „hin und wieder", „selten", „nie" oder: „sehr gut", „gut", „durchschnittlich", „schlecht", „sehr schlecht") einordnen.

Im Weiteren werden Items mit qualitativen Antwortkategorien angeboten. Hier können die Befragten eine oder auch mehrere Antwortvorgaben auf einer Liste ankreuzen. Befragte, für die die vorgegebenen Kategorien nicht erschöpfend sind, können zudem eine offene Kategorie ausfüllen.

Ferner werden einige wenige Demografievariablen verwendet, die Mitarbeiter nach bestimmten Merkmalen (Geschlecht, Alter, Berufsstatus etc.) differenzieren. Sie dienen dazu, die Befragten bei der anonymisierten Datenanalyse in bestimmte Gruppen einteilen zu können, um vergleichende Aussagen über Teilgruppen der Mitarbeiter (z. B. Belastungen in der Altersgruppe 50+) treffen zu können.[6]

Darüber hinaus bietet der Fragebogen eine Reihe sozial erwünschter sog. Aktions-Items an (z. B. „Wollen Sie mehr für Ihre Gesundheit tun?"), bei denen nicht so sehr das per se zu erwartende Messergebnis

---

[6] Der Einsatz demografischer Variablen wird insgesamt kritisch diskutiert *(siehe dazu Neugebauer 2003; 25)*.

im Vordergrund steht: Die Mehrzahl der Mitarbeiter stimmt hier zumindest teilweise zu. Sie dienen vielmehr dazu, nachfolgende Aktivitäten vorzubereiten und die Mitarbeiter in eine konstruktive Diskussion („Was können wir hier konkret dazu tun?") einzubinden.

Die Unternehmen können mit Hilfe bestimmter Items wichtige Themen platzieren. So kann z. B. nach der Wahrnehmung einzelner Maßnahmen der betrieblichen Gesundheitsförderung (z. B. Gesundheitszirkel) gefragt werden, mit denen die Mehrheit der Befragten aktuell noch nicht vertraut ist. Die Mitarbeiterbefragung hilft dann dabei, den Begriff zu verbreiten und zu verdeutlichen, dass im Unternehmen über betriebliche Gesundheitsförderung nachgedacht wird. Bei der anschließenden Kommunikation der Befragungsergebnisse kann die Thematik dann aufgegriffen werden.

4 Ergebnisse aus Mitarbeiterbefragungen

4.1 Datenbasis

Die vorliegenden Daten stammen aus betrieblichen Mitarbeiterbefragungen, die in den Jahren 2004 bis 2009 durchgeführt worden sind. Das größte teilnehmende Unternehmen hatte 2.252 Beschäftigte, das kleinste 35 Mitarbeiter. Insgesamt haben 28.223 Mitarbeiter im genannten Zeitraum an den Befragungen teilgenommen, dies sind rund ein Prozent aller sozialversicherungspflichtig Beschäftigten in Deutschland.

Auch wenn die vorliegenden Befragungsdaten nicht repräsentativ für die tatsächliche Situation der sozialversicherungspflichtigen Beschäftigten in Deutschland sein können – AOK-Versicherte und das verarbeitende Gewerbe sind überproportional in der Stichprobe vertreten, durch die unterschiedliche Bereitschaft der Beschäftigten zur Teilnahme an Mitarbeiterbefragungen ergeben sich Selektionseffekte – liefert die große Stichprobe gleichwohl ein sehr informatives Bild über die gesundheitliche Situation der Beschäftigten in Deutschland. Insbesondere die branchenbezogenen Werte bieten gute Referenzen für die in Mitarbeiterbefragungen der betreffenden Branchen zu erwartende Darstellung der gesundheitlichen Lage.

Die *Abbildung 2* zeigt die Verteilung der Betriebe, die teilgenommen haben, nach Unternehmensgrößenklassen in Anlehnung an die Klassifikation des Statistischen Bundesamtes für kleine und mittlere Unternehmen *(Destatis 2009, 491)*.

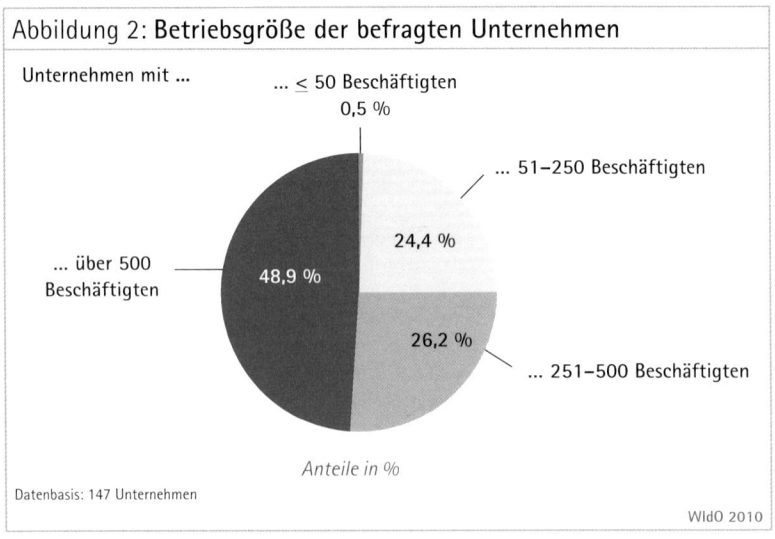

In der Stichprobe sind Beschäftigte aus fast allen Wirtschaftszweigen vertreten *(siehe Tabelle 2)*, sodass ein Vergleich mit anderen Firmen aus der jeweiligen Branche möglich ist. Das verarbeitende Gewerbe ist im Vergleich zur allgemeinen Verteilung relativ stark vertreten, was daran liegt, dass vor allem in Betrieben mit einem hohen Anteil von AOK-Versicherten Befragungen durchgeführt worden sind. Ein großer Teil der AOK-Mitglieder ist traditionell – infolge der historischen Funktion der AOK als Basiskasse – im gewerblichen Bereich beschäftigt, vor allem im verarbeitenden Gewerbe. Betriebe der öffentlichen Verwaltung/Sozialversicherung weisen einen überdurchschnittlich hohen Anteil auf. Der Anteil der Teilnehmer aus der Dienstleistungsbranche ist ebenfalls hoch. Der Stichprobenanteil der Befragten aus der Branche Gesundheits- und Sozialwesen liegt vergleichsweise nah an der allgemeinen Verteilung.

Tabelle 2: **Verteilung der Befragten – nach Wirtschaftsabschnitten***

Wirtschaftsabschnitte gemäß WZ 2008	WZ 2008 Code	Befragte Beschäftigte		sozialversicherungspflichtig Beschäftigte insgesamt	
		absolut	in %	absolut	in %
Land-, Forstwirtschaft und Fischerei	A	–	–	191.000	0,7
Bergbau, Energie- und Wasserversorgung, Entsorgungswirtschaft	B, D, E	779	2,8	550.700	2,0
Verarbeitendes Gewerbe	C	12.175	43,1	6.304.000	22,9
Baugewerbe	F	42	0,1	1.551.900	5,6
Handel; Instandhaltung und Reparatur von Kraftfahrzeugen	G	1.808	6,4	4.059.400	14,7
Verkehr und Lagerei	H	643	2,3	1.395.000	5,1
Gastgewerbe	I	–	–	808.900	2,9
Information und Kommunikation	J	95	0,3	825.400	3,0
Finanz- und Versicherungsdienstleistungen	K	141	0,5	1.011.300	3,7
Wirtschaftliche Dienstleistungen	L, M, N	1.750	6,2	3.432.100	12,5
Öffentliche Verwaltung, Verteidigung, Sozialversicherung, Exterritoriale Organisationen	O, U	4.361	15,5	1.715.800	6,2
Erziehung und Unterricht	P	74	0,3	1.122.700	4,1
Gesundheits- und Sozialwesen	Q	4.210	14,9	3.461.800	12,6
Sonstige Dienstleistungen, Private Haushalte	R, S, T	2.145	7,6	1.096.700	4,0
nicht Zugeordnete				2.700	0,0
Gesamt		28.223	100,0	27.530.400	100,0

* Gemäß der Klassifikation der Wirtschaftszweige 2008 (WZ08) durch das Statistische Bundesamt.

WIdO 2010

Im Untersuchungszeitraum 2004 bis 2009 haben sich 147 Unternehmen aus fast allen Bundesländern an dem AOK-Kompaktservice Mitarbeiterbefragung beteiligt. Ein Blick auf die regionale Struktur zeigt, dass mit 119 westdeutschen Betrieben ein deutlicher Schwerpunkt auf den alten Bundesländern liegt *(siehe Tabelle 3)*. 16,3 % der befragten Beschäftigten arbeiten in Betrieben in den neuen Bundesländern.[7]

Tabelle 3: **Verteilung der befragten Beschäftigten – nach Wirtschaftsabschnitten und Region**

	Deutschland insgesamt		Westdeutschland		Ostdeutschland	
	Anzahl					
	Betriebe	Befragte	Betriebe	Befragte	Betriebe	Befragte
Bergbau, Energie- und Wasserversorgung, Entsorgungswirtschaft	5	779	1	51	4	728
Verarbeitendes Gewerbe	65	12.175	54	10.157	11	2.018
Baugewerbe	1	42	–	–	1	42
Handel; Instandhaltung und Reparatur von Kraftfahrzeugen	8	1.808	8	1.808	–	–
Verkehr und Lagerei	6	643	5	591	1	52
Information und Kommunikation	1	95	1	95	–	–
Finanz- und Versicherungsdienstleistungen	1	141	–	–	1	141
Wirtschaftliche Dienstleistungen	8	1.750	7	1.476	1	274
Öffentliche Verwaltung, Verteidigung, Sozialversicherung, Exterritoriale Organisationen	17	4.361	13	3.593	4	768
Erziehung und Unterricht	1	74	1	74	–	–

...

---

[7] Der Anteil der in Ostdeutschland Beschäftigten an den sozialversicherungspflichtig Beschäftigten insgesamt lag im Dezember 2009 bei 19,0 Prozent *(Bundesagentur für Arbeit 2010)*.

Tabelle 3: *Fortsetzung*

	Deutschland insgesamt		Westdeutschland		Ostdeutschland	
	Anzahl					
	Betriebe	Befragte	Betriebe	Befragte	Betriebe	Befragte
Gesundheits- und Sozialwesen	26	4.210	22	3.796	4	488
Sonstige Dienstleistungen, Private Haushalte	8	2.145	7	2.065	1	80
Gesamt	147	28.223	119	23.706	28	4.591

WIdO 2010

Die Alters- und Geschlechtsstruktur der vorliegenden Stichprobendaten aus den durchgeführten Befragungen entspricht nicht exakt der Verteilung in der amtlichen Statistik *(siehe Tabelle 4)*. In der Stichprobe sind jüngere Beschäftigte stärker vertreten, Mitarbeiter unter 40 Jahren liegen über dem Durchschnitt und Mitarbeiter über 50 Jahre darunter. Frauen sind im Vergleich leicht überrepräsentiert.

Tabelle 4: **Verteilung der Befragten – nach Alter und Geschlecht**

	Befragte Beschäftigte		Sozialversicherungspflichtig Beschäftigte insgesamt
Alter	absolut	in %	in %
jünger als 20 Jahre	1.508	6,2	3,9
20–29 Jahre	4.662	19,3	19,3
30–39 Jahre	6.788	28,1	23,0
40–49 Jahre	7.068	29,3	29,9
50–59 Jahre	3.707	15,3	20,4
60 Jahre und älter	428	1,8	3,5
Zusammen	24.161*		
Geschlecht	absolut	in %	in %
männlich	9.563	52,2	54,7
weiblich	8.754	47,8	45,3
Zusammen	18.317**		

* 4.062 Befragte haben keine Angaben über ihr Alter gemacht
** 9.906 Befragte haben keine Angaben zum Geschlecht gemacht

WIdO 2010

4 Ergebnisse aus Mitarbeiterbefragungen

Die Auswertung der Umfrage-Daten erfolgt im Wesentlichen als deskriptive Analyse der vorliegenden Beschäftigtenangaben. Im Vordergrund steht das Antwortverhalten der Mitarbeiterinnen und Mitarbeiter[8] auf die einzelnen Fragen, deren Angaben werden als prozentuale Anteilswerte dargestellt (z. B. Zustimmung in Prozent). Bei ausreichender Fallzahl wird der Streubereich des Wertes in einzelnen Teilgruppen angezeigt, um Vergleiche z. B. nach Altersgruppen darzustellen. Insbesondere der demografische Wandel stellt künftig für die Arbeitswelt eine besondere Herausforderung dar. Ferner werden, wo es sinnvoll erscheint, Differenzierungen nach Geschlecht, Branchen oder beruflichen Statusangaben ausgewiesen.

Auch wenn jedes Unternehmen immer nur bedingt mit einem anderen vergleichbar ist, bieten Vergleichswerte doch einen ersten Einstieg in die Diskussion vor Ort.

Bei Items mit 5-stufigen Antwortskalen werden – wenn die Zustimmungswerte extrem werden – zusätzlich Mittelwerte ausgewiesen. Darüber hinaus werden verschiedene Items mit anderen „gekreuzt", um Zusammenhänge ableiten zu können.

Die Rücklaufquote lag bei den Befragungen durchschnittlich bei 56,4 % und ist damit im Vergleich zu anderen schriftlichen Befragungen relativ hoch. Den höchsten Rücklauf verzeichneten Betriebe aus der öffentlichen Verwaltung (63,0 %), die niedrigste Rücklaufquote wiesen Firmen aus der Dienstleistungsbranche auf (47,7 %).

Alle Ergebnisse werden anonymisiert dargestellt.

---

[8] Im Weiteren wird der Begriff „Mitarbeiter" verwendet, gemeint sind dabei selbstverständlich Männer und Frauen gemeinsam. Dies dient ausschließlich der besseren Lesbarkeit und ist nicht diskriminierend gemeint.

4.2 Erwartungen an eine Mitarbeiterbefragung

Im Vorfeld der Befragungsprojekte wurden die Beweggründe der Unternehmensleitungen und der Arbeitnehmervertretungen für die Durchführung einer Mitarbeiterbefragung erhoben. Die Verantwortlichen wurden in schriftlicher Form – offen – nach ihren Erwartungen im Hinblick auf die Ergebnisse der Mitarbeiterbefragung befragt *(siehe Abbildung 3)*. Um alle denkbaren Motive des Managements und der Arbeitnehmervertreter erfassen zu können, wurde auf Antwortvorgaben verzichtet.

In der Mehrzahl der teilnehmenden Betriebe, in denen Befragungen durchgeführt wurden, war der Krankenstand überdurchschnittlich hoch. Dementsprechend war das Hauptmotiv der Unternehmensleitungen für die Durchführung einer Mitarbeiterbefragung, den Krankenstand zu senken (41,6 % der Nennungen) bzw. die Gründe für die (hohen) Krankenstände zu erfahren (19,1 % der Nennungen). Fast ebenso häufig wurde eine Verbesserung der Gesundheitsvorsorge und -förderung (39,3 %) im eigenen Betrieb postuliert, häufig verbunden mit dem Wunsch, mehr Erkenntnisse über die gesundheitlichen Beschwerden und Belastungen der Mitarbeiter zu gewinnen (37,1 %).

Weitere Motive waren jeweils die Erhöhung der Arbeitszufriedenheit (36,0 %) und die Verbesserung der Arbeitsbedingungen (32,6 %) und der Gesundheit der Belegschaft (23,6 %). 9 % geben den konkreten Abbau von Arbeitsbelastungen als Ziel an. Lediglich 18,0 % bzw. 14,6 % der Angaben intendieren die projektierte Mitarbeiterbefragung als bloße Meinungs- bzw. Betriebsklimaumfrage.

4 Ergebnisse aus Mitarbeiterbefragungen

Abbildung 3: **Erwartungen der Unternehmensleitungen an die Mitarbeiterbefragungen***

* alle Branchen

Vertreter der Arbeitnehmerseite erwarten von einer Mitarbeiterbefragung vor allem eine Verbesserung der Arbeitsbedingungen (37,7 % der Nennungen) und die konkrete Identifikation von Beschwerden und Belastungen am Arbeitsplatz (36,4 %). Mehr als ein Viertel wollen die betriebliche Gesundheitsförderung verbessern (27,3 %). Jeweils 23,4 % erhoffen sich positive Auswirkungen auf das Betriebsklima und die Zufriedenheit der Beschäftigten *(siehe Abbildung 4)*.

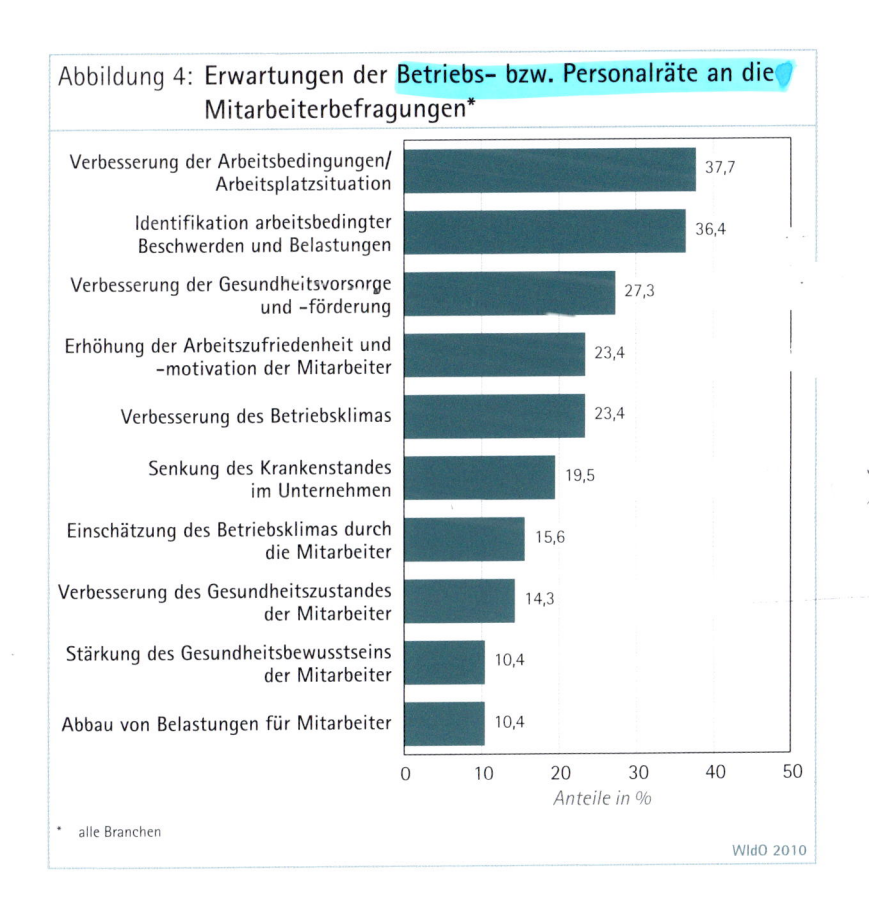

Abbildung 4: Erwartungen der Betriebs- bzw. Personalräte an die Mitarbeiterbefragungen*

Erwartung	Anteile in %
Verbesserung der Arbeitsbedingungen/Arbeitsplatzsituation	37,7
Identifikation arbeitsbedingter Beschwerden und Belastungen	36,4
Verbesserung der Gesundheitsvorsorge und -förderung	27,3
Erhöhung der Arbeitszufriedenheit und -motivation der Mitarbeiter	23,4
Verbesserung des Betriebsklimas	23,4
Senkung des Krankenstandes im Unternehmen	19,5
Einschätzung des Betriebsklimas durch die Mitarbeiter	15,6
Verbesserung des Gesundheitszustandes der Mitarbeiter	14,3
Stärkung des Gesundheitsbewusstseins der Mitarbeiter	10,4
Abbau von Belastungen für Mitarbeiter	10,4

* alle Branchen

WIdO 2010

4.3 Subjektive Gesundheitsbewertung der Beschäftigten

Aussagen zur subjektiven Gesundheit erfassen persönliche und soziale Dimensionen des eigenen Befindens. Für gesundheitspolitische Handlungsempfehlungen sind sie häufig ebenso wichtig wie objektiv messbare Größen, ihre Aussagekraft als Prädiktor für die Inanspruchnahme von Angeboten und Leistungen des Gesundheitssystems gilt in Forschung und Literatur als gut belegt *(siehe beispielhaft RKI 2005, S. 32)*. Auch bei den Daten des Statistischen Bundesamtes nehmen Variablen zum „subjektiven Gesundheitszustand" einen zentralen Stellenwert ein *(Ahlstich 1999, S. 168)*.[9]

Die aktuellen Umfragedaten dokumentieren im Folgenden zentrale Indikatoren zur subjektiven Gesundheit und Aspekte des gesundheitlichen Verhaltens bei Mitarbeitern, die durch Selbsteinschätzung der Befragten erhoben wurden.

Die Selbsteinschätzung der eigenen Gesundheit wird im Fragebogen mit fünf vorgegebenen Antwort-Kategorien erfasst („sehr gut" bis „sehr schlecht"). Dabei zeigt sich, dass gerade mal etwas mehr als die Hälfte der befragten Mitarbeiter die eigene Gesundheit als „sehr gut" oder „gut" einstuft (57,7 %). Ein Drittel (32,8 %) antwortet mit „teils, teils" und fast jeder Zehnte (9,5 %) bewertet seinen Gesundheitszustand als „weniger gut" oder „schlecht" *(siehe Abbildung 5)*.

In repräsentativen Bevölkerungsstichproben fallen die Angaben zum Gesundheitszustand im Allgemeinen deutlich positiver aus als in betrieblichen Mitarbeiterbefragungen. Dies ist durch die Selbstselektion der Betriebe zu erklären, die eine Mitarbeiterbefragung durchführen – bei ihnen sind entsprechende Auffälligkeiten verstärkt vorhanden.

---

[9] Danach litten im Jahr 2007 nach Selbsteinschätzung der Erwerbstätigen gut 6 % unter arbeitsbedingten Gesundheitsbeschwerden *(Destatis 2009)*.

Die Differenzierung nach Altersgruppen ergibt einen deutlichen Abwertungseffekt: Die eigene Gesundheit wird von den Mitarbeitern mit zunehmendem Alter kritischer bewertet. So bezeichnen in der Gruppe der jüngeren Befragten (unter 30 Jahre) mehr als zwei Drittel ihren Gesundheitsstatus als „sehr gut" bzw. „gut" und lediglich rund fünf Prozent als „weniger gut" bzw. „schlecht". In der Gruppe der über 50-jährigen Befragten dagegen schätzen sich dreimal so viel Mitarbeiter kritisch ein („teils, teils": 41,9 %; „weniger gut" oder „schlecht": 16,9 %) – lediglich zwei Fünftel der Älteren bewerten ihre Gesundheit positiv mit „sehr gut" bzw. „gut" (41,1 %). Eine Auswertung der Befragungsdaten nach dem Geschlecht ergibt kaum Unterschiede in der Bewertung.

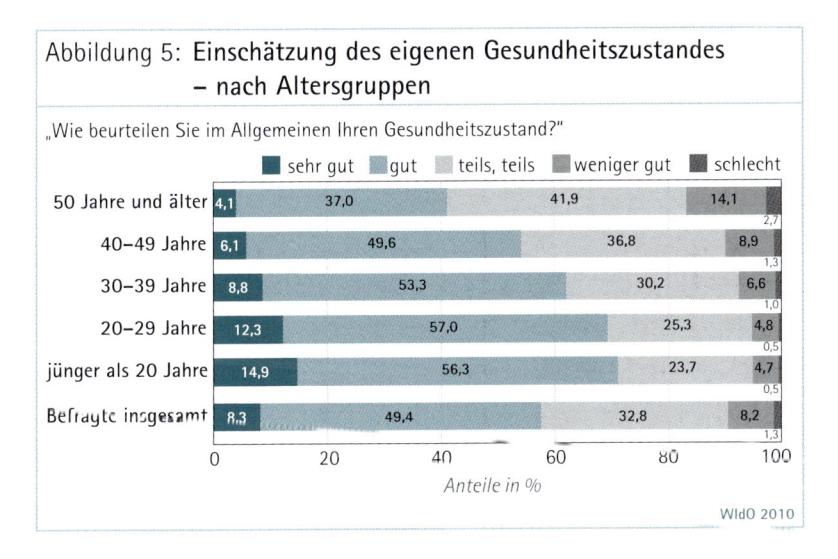

Abbildung 5: Einschätzung des eigenen Gesundheitszustandes – nach Altersgruppen

„Wie beurteilen Sie im Allgemeinen Ihren Gesundheitszustand?"

	sehr gut	gut	teils, teils	weniger gut	schlecht
50 Jahre und älter	4,1	37,0	41,9	14,1	2,7
40–49 Jahre	6,1	49,6	36,8	8,9	1,3
30–39 Jahre	8,8	53,3	30,2	6,6	1,0
20–29 Jahre	12,3	57,0	25,3	4,8	0,5
jünger als 20 Jahre	14,9	56,3	23,7	4,7	0,5
Befragte insgesamt	8,3	49,4	32,8	8,2	1,3

Anteile in %

WIdO 2010

Gesundheit wird – je nach sozialer Lage – unterschiedlich eingeschätzt: Die Analyse nach beruflichem Status zeigt deutliche Unterschiede in den einzelnen Teilgruppen *(siehe Abbildung 6)*. So bewerten Mitarbeiter, die sich im Rahmen der Befragung als „Arbeiter" eingestuft haben, ihre Gesundheit wesentlich schlechter als Facharbeiter dies tun. Die Gruppe der Angestellten wiederum bewertet ihre Gesundheit im Vergleich deutlich besser als die Gruppe der Arbeiter bzw. Facharbeiter.

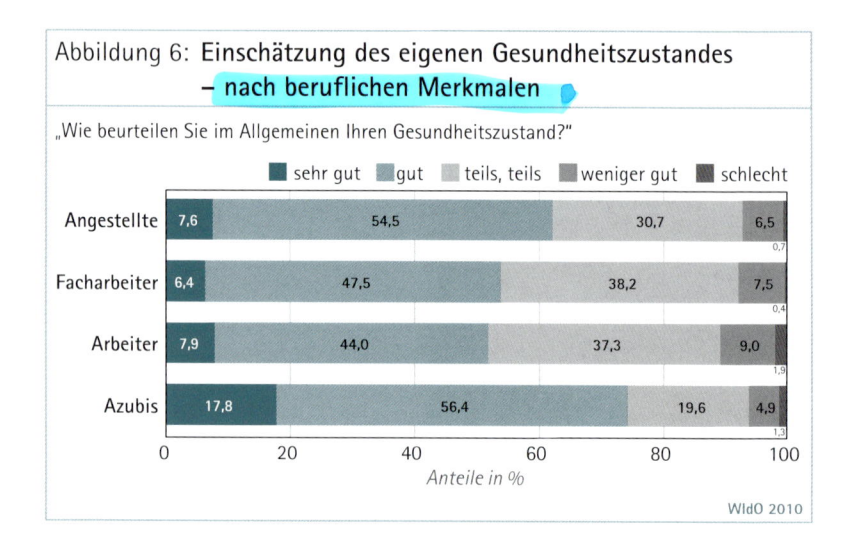

Abbildung 6: Einschätzung des eigenen Gesundheitszustandes – nach beruflichen Merkmalen

„Wie beurteilen Sie im Allgemeinen Ihren Gesundheitszustand?"

■ sehr gut ■ gut ■ teils, teils ■ weniger gut ■ schlecht

	sehr gut	gut	teils, teils	weniger gut	schlecht
Angestellte	7,6	54,5	30,7	6,5	0,7
Facharbeiter	6,4	47,5	38,2	7,5	0,4
Arbeiter	7,9	44,0	37,3	9,0	1,9
Azubis	17,8	56,4	19,6	4,9	1,3

Anteile in %

WIdO 2010

Bei den Erhebungen zur Gesundheit am Arbeitsplatz hatten die Beschäftigten ferner die Möglichkeit, wichtige Faktoren für die eigene Gesundheit zu priorisieren. Mit der Frage „Was halten Sie besonders wichtig für Ihre Gesundheit?" wurde den Befragungsteilnehmern eine Auswahlliste mit mehreren Antwortmöglichkeiten angeboten *(siehe Abbildung 7)*. Hier werden zunächst Grundbedürfnisse wie „genügend Schlaf" (58,9 % der Nennungen) und „ausgewogene Ernährung" (55,4 % der Nennungen) genannt. „Gesunde Arbeitsbedingungen" (55,0 % der Nennungen) sind aus Sicht der befragten Mitarbeiter – im Vergleich zur vorangegangenen Analyse aus 2005 *(Vetter/Redmann 2005)* – wichtiger geworden: Sie stehen an dritter Stelle – noch vor der „eigenen Zufriedenheit" (54,2 % der Nennungen).

Des Weiteren werden Faktoren angeführt, die bei Nichtbeachtung als Risikofaktoren für eine Vielzahl von (zivilisationsbedingten) Erkrankungen gelten: viel Bewegung, Nichtrauchen, Teilnahme an Früherkennungen und Entspannung. Interessant ist, dass den sozialen Beziehungen am Arbeitsplatz mehr Bedeutung beigemessen wird (36,3 % der Nennungen) als guten Freundschaften bzw. Partnerschaften im Privatleben (31,9 % der Nennungen).

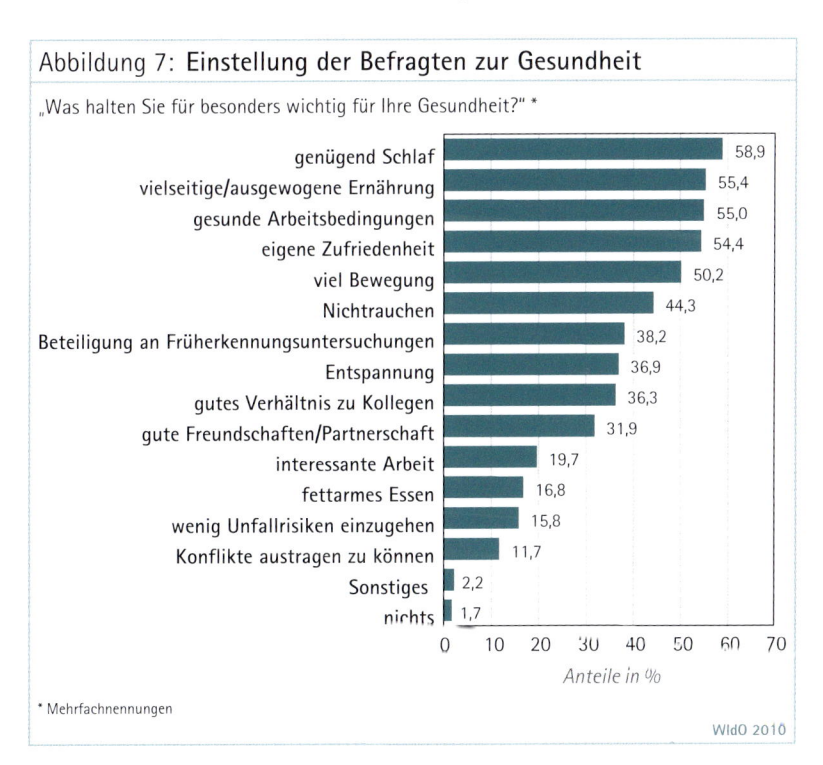

Abbildung 7: Einstellung der Befragten zur Gesundheit

„Was halten Sie für besonders wichtig für Ihre Gesundheit?" *

Faktor	Anteile in %
genügend Schlaf	58,9
vielseitige/ausgewogene Ernährung	55,4
gesunde Arbeitsbedingungen	55,0
eigene Zufriedenheit	54,4
viel Bewegung	50,2
Nichtrauchen	44,3
Beteiligung an Früherkennungsuntersuchungen	38,2
Entspannung	36,9
gutes Verhältnis zu Kollegen	36,3
gute Freundschaften/Partnerschaft	31,9
interessante Arbeit	19,7
fettarmes Essen	16,8
wenig Unfallrisiken einzugehen	15,8
Konflikte austragen zu können	11,7
Sonstiges	2,2
nichts	1,7

* Mehrfachnennungen

WIdO 2010

Bei einer geschlechtsbezogenen Auswertung gesundheitlicher Erfolgsfaktoren zeigen sich kaum Differenzen im Ranking. Die Analyse nach dem Alter (als einem der wichtigsten Prädikatoren für Krankheitsanfälligkeit) ergibt dagegen schon Unterschiede zwischen den Teilgruppen *(siehe Tabelle 5)*.

Tabelle 5: **Einstellung der Befragten zur Gesundheit – nach Altersgruppen**

"Was halten Sie für besonders wichtig für Ihre Gesundheit?" *	Altersgruppen in Jahren				
	jünger als 20	20–29	30–39	40–49	50 und älter
	Anzahl				
	1.508	4.662	6.788	7.068	4.135
	Anteile in %				
genügend Schlaf	64,5	63,0	59,3	57,2	53,4
viel Bewegung	54,5	52,4	51,1	49,1	50,7
eigene Zufriedenheit	52,9	56,5	58,7	55,4	49,3
vielseitige/ausgewogene Ernährung	50,8	53,4	57,2	57,0	54,7
gesunde Arbeitsbedingungen	47,0	52,6	55,7	57,3	54,9
Nichtrauchen	41,4	40,0	42,4	45,0	48,8
Entspannung	37,6	39,0	38,7	37,4	30,4
gutes Verhältnis zu Kollegen	34,3	36,0	35,5	36,3	39,1
gute Freundschaften/Partnerschaft	31,3	34,9	33,6	30,1	29,4
Beteiligung an Früherkennungsuntersuchungen	23,5	29,1	36,7	43,1	45,8
interessante Arbeit	17,8	17,5	19,6	20,8	20,9
fettarmes Essen	12,0	13,8	16,9	18,3	18,3
wenig Unfallrisiken einzugehen	13,9	14,5	15,5	16,4	15,5
Konflikte austragen zu können	6,8	10,2	12,0	13,7	12,0
nichts	1,5	1,3	1,4	2,2	2,2
Sonstiges	1,4	2,6	2,4	2,1	2,1

* Mehrfachnennungen

WIdO 2010

Während jüngere Mitarbeiter häufiger als ältere Beschäftigte Faktoren wie „Schlaf", „viel Bewegung", aber auch „Entspannung" als wichtig für die eigene Gesundheit angeben, priorisieren ältere Arbeitnehmer häufiger die „Beteiligung an Früherkennungsuntersuchungen" und „gesunde Arbeitsbedingungen". Deutliche Alterseffekte im Antwortverhalten zeigen sich ferner bei gesundheitsrelevanten Faktoren wie „Nichtrauchen" und „gesunde Ernährung" – hier nehmen die Angaben mit dem Alter zu.

Ein Vergleich der Angaben zum Berufsstatus der Befragten zeigt Unterschiede im Antwortverhalten *(siehe Abbildung 8)*. Arbeiter benennen am häufigsten „genügend Schlaf" und „gesunde Arbeitsbedingungen" als wichtig für die eigene Gesundheit. Die Gruppe der Angestellten priorisiert zunächst die eigene Zufriedenheit – anschließend folgen Faktoren wie „gesunde Ernährung" und „genügend Schlaf".

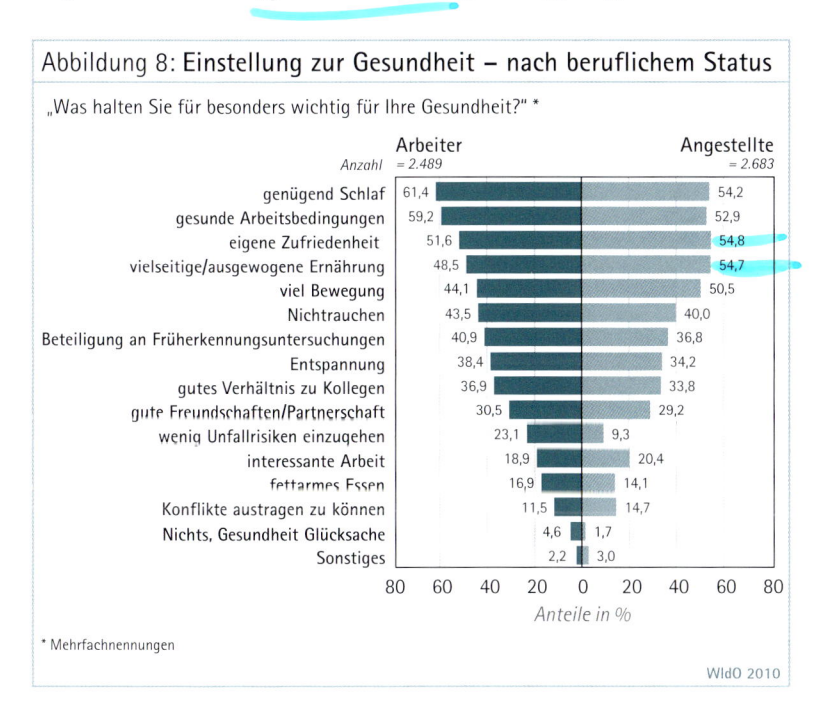

Abbildung 8: Einstellung zur Gesundheit – nach beruflichem Status

„Was halten Sie für besonders wichtig für Ihre Gesundheit?" *

	Arbeiter Anzahl = 2.489	Angestellte = 2.683
genügend Schlaf	61,4	54,2
gesunde Arbeitsbedingungen	59,2	52,9
eigene Zufriedenheit	51,6	54,8
vielseitige/ausgewogene Ernährung	48,5	54,7
viel Bewegung	44,1	50,5
Nichtrauchen	43,5	40,0
Beteiligung an Früherkennungsuntersuchungen	40,9	36,8
Entspannung	38,4	34,2
gutes Verhältnis zu Kollegen	36,9	33,8
gute Freundschaften/Partnerschaft	30,5	29,2
wenig Unfallrisiken einzugehen	23,1	9,3
interessante Arbeit	18,9	20,4
fettarmes Essen	16,9	14,1
Konflikte austragen zu können	11,5	14,7
Nichts, Gesundheit Glückssache	4,6	1,7
Sonstiges	2,2	3,0

Anteile in %

* Mehrfachnennungen

WIdO 2010

4.4 Aussagen zu Arbeitsbelastungen

Ein Schwerpunkt des Fragenkataloges liegt darin, die gesundheitsbelastenden Faktoren aus der Sicht der Beschäftigten zu erfassen.

Unter Arbeitsbelastungen werden Faktoren verstanden, die von außen auf den Beschäftigten einwirken und je nach den individuellen Gegebenheiten unterschiedliche Auswirkungen haben können. Die jeweilige Tätigkeit bzw. Arbeitssituation wirkt physisch wie auch psychisch unterschiedlich beanspruchend. So kann eine Arbeitssituation für eine Person eine starke Belastung darstellen, für andere aber eine Herausforderung bedeuten oder lediglich tägliche Routine sein.

Bei den Fragen nach den jeweiligen betrieblichen Arbeitsbedingungen der Mitarbeiter wurden vier Belastungskomplexe berücksichtigt:

- körperliche Belastungen
- Umgebungsbelastungen
- Belastungen durch Unfallgefahren
- psychische Belastungen

Die standardisierten Antwortkategorien auf die Fragen nach den subjektiv empfundenen Belastungen durch Arbeitsbedingungen („Fühlen Sie sich durch folgende Faktoren an Ihrem Arbeitsplatz belastet?") lauten „ stark", „etwas" und „gar nicht". Die im Folgenden aufgeführten Ergebnisse referieren jeweils die prozentualen Anteile der erlebten Belastungen. Im Anschluss wird die Verteilung der starken Belastungen gruppenspezifisch – nach Alter und Branchen – dargestellt.

4.4.1 Körperliche Belastungen

Körperliche Arbeiten und Bewegungsabläufe spielen an vielen Arbeitsplätzen nach wie vor eine große Rolle *(siehe Abbildung 9)*. Ständige schwere bzw. einseitige körperliche Beanspruchungen wirken sich nicht nur kurz, sondern auch mittel- bis langfristig auf die Gesundheit und Leistungsfähigkeit der Mitarbeiter aus.

Die Mitarbeiter aus den Betrieben, die an einer Befragung teilgenommen haben, benennen – nach wie vor – starke Beanspruchungen durch einseitige körperliche Belastungen und schwere körperliche Arbeit *(Vetter/Redmann 2005, 57)*. Vielen Beschäftigten fehlt offensichtlich (ausgleichende) Bewegung am Arbeitsplatz, bzw. in der Arbeitsumgebung, denn am häufigsten werden von den Befragten „ständiges Sitzen" (22,0 %), „ständiges Stehen" (19,7 %) und „Bewegungsmangel" (19,0 %) als stark belastende Faktoren bei der Arbeit benannt.

Mehr als zwei Fünftel der befragten Beschäftigten fühlen sich durch „schwere körperliche Arbeit" belastet (42,3 %). Am häufigsten werden starke Belastungen wie „Heben und Tragen" (20,6 %) oder das „Schieben und Ziehen schwerer Gegenstände" (18,6 %) benannt.

Erwartungsgemäß werden vor allem Arbeiten, die in schwierigen körperlichen Haltungen verrichtet werden oder durch monotone Bewegungsabläufe gekennzeichnet sind (wie etwa Fließbandarbeit), als belastend empfunden. Fast ein Fünftel der Mitarbeiter gibt starke Belastungen durch Arbeiten in „gebückter Haltung" (17,6 %) an. Jeder siebte Befragte fühlt sich am Arbeitsplatz durch ununterbrochen gleiche Bewegungen (15,2 %), Tätigkeiten mit „zur Seite gedrehtem Oberkörper" (13,9 %) oder durch Platzmangel (13,3 %) stark belastet.

Wie in vorangegangenen Auswertungen *(Vetter/Redmann 2005)* zeigen sich von „Überkopfarbeit mit erhobenen Armen" vergleichsweise wenige Befragte betroffen – 5,9 % geben hier im Rahmen der durchgeführten Umfragen starke Belastungen an.

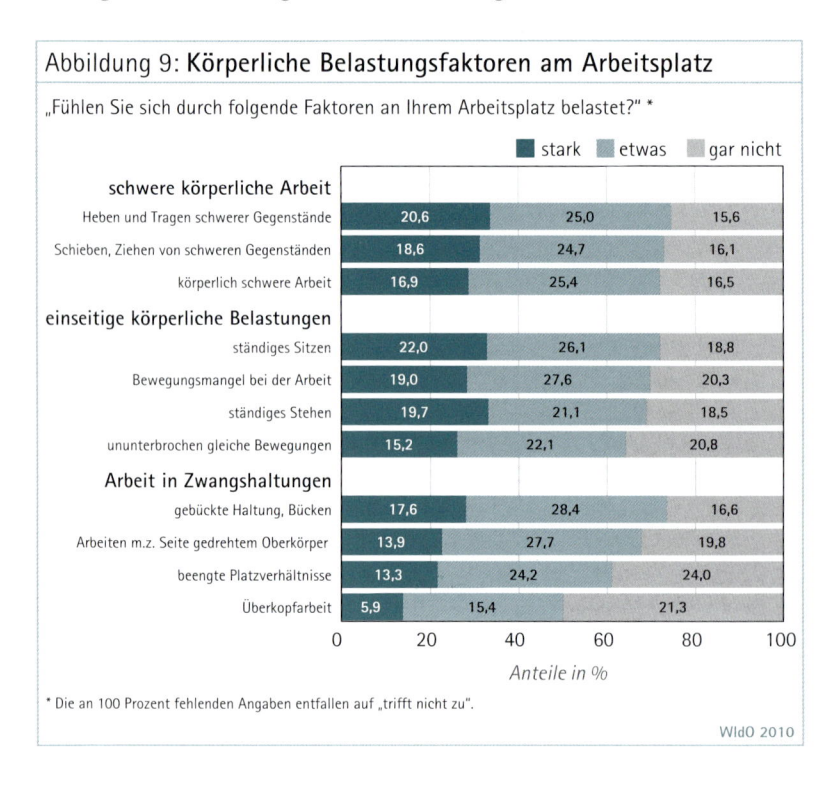

Abbildung 9: Körperliche Belastungsfaktoren am Arbeitsplatz

„Fühlen Sie sich durch folgende Faktoren an Ihrem Arbeitsplatz belastet?" *

	stark	etwas	gar nicht
schwere körperliche Arbeit			
Heben und Tragen schwerer Gegenstände	20,6	25,0	15,6
Schieben, Ziehen von schweren Gegenständen	18,6	24,7	16,1
körperlich schwere Arbeit	16,9	25,4	16,5
einseitige körperliche Belastungen			
ständiges Sitzen	22,0	26,1	18,8
Bewegungsmangel bei der Arbeit	19,0	27,6	20,3
ständiges Stehen	19,7	21,1	18,5
ununterbrochen gleiche Bewegungen	15,2	22,1	20,8
Arbeit in Zwangshaltungen			
gebückte Haltung, Bücken	17,6	28,4	16,6
Arbeiten m.z. Seite gedrehtem Oberkörper	13,9	27,7	19,8
beengte Platzverhältnisse	13,3	24,2	24,0
Überkopfarbeit	5,9	15,4	21,3

Anteile in %

* Die an 100 Prozent fehlenden Angaben entfallen auf „trifft nicht zu".

WIdO 2010

Die Einschätzungen verschiedener Altersgruppen zeigen, dass bei allen erhobenen Merkmalen die körperlichen Belastungen mit steigendem Alter der Beschäftigten tendenziell stärker empfunden werden *(siehe Tabelle 6)*. Vor allem bei Tätigkeiten mit monotonen Bewegungsabläufen, zur Seite gedrehtem Oberkörper, in enger Arbeitsplatzumgebung oder bei Überkopfarbeit steigen die Angaben mit dem Alter jeweils deutlich an.

Tabelle 6: **Körperliche Belastungen am Arbeitsplatz – nach Altersgruppen**

"Fühlen Sie sich durch folgende Faktoren an Ihrem Arbeitsplatz belastet?"	insgesamt	Altersgruppen in Jahren				
		jünger als 20	20–29	30–39	40–49	50 und älter
		Anzahl				
	28.223	1.508	4.662	6.788	7.068	4.135
schwere körperliche Arbeit	Angabe starker Belastungen in %					
Heben und Tragen schwerer Gegenstände	20,6	18,4	20,3	19,5	21,3	21,8
Schieben oder Ziehen von schweren Gegenständen	18,6	16,2	19,2	17,7	18,9	19,0
körperlich schwere Arbeit	16,9	15,6	16,7	15,7	17,1	17,4
ständiges Sitzen						
ständiges Sitzen	22,0	21,1	21,2	24,3	21,9	21,5
Bewegungsmangel bei der Arbeit	19,0	16,9	18,9	19,8	19,0	19,3
ständiges Stehen	19,7	17,5	20,3	18,5	19,3	19,7
ununterbrochen gleiche Bewegungen	15,2	10,4	13,4	13,6	17,0	17,6
Arbeit in Zwangshaltungen						
gebückte Haltung, Bücken	17,6	15,3	17,2	16,8	18,7	18,8
Arbeiten mit zur Seite gedrehtem Oberkörper	13,9	10,7	11,6	13,5	16,2	15,7
beengte Platzverhältnisse	13,3	9,8	11,4	13,6	15,6	15,0
Arbeiten mit erhobenen Armen (Überkopfarbeit)	5,9	3,7	4,4	5,2	7,5	7,6

WIdO 2010

Die Aussagen über starke Belastungen durch körperliche Tätigkeiten differenzieren stark nach der Branchenzugehörigkeit der Befragten *(siehe Tabelle 7)*. In der Gesundheits- und Sozialbranche mit einem hohen Anteil pflegerischer Berufe werden die meisten körperlichen Belastungen benannt. Am häufigsten geben dort Beschäftigte starke Beanspruchungen durch Tätigkeiten wie Heben und Tragen (40,6 %), Schieben und Ziehen (34,6 %) oder durch körperliche Arbeiten (31,8 %) an.

Selbstverständlich werden auch im verarbeitenden Gewerbe starke körperliche Belastungen benannt – aber durchweg in geringerem Maße. Mitarbeiter in gewerblichen Branchen berichten am häufigsten starke einseitige körperliche Beanspruchungen durch „ständiges Stehen" (27,0 %). Im Handel fühlen sich die Befragten – neben Belastungen durch Heben und Tragen (24,3 %) – häufig durch Bücken (22,5 %), ständiges Stehen (21,6 %) oder Sitzen (21,1 %) stark gefordert.

In der öffentlichen Verwaltung sowie der Energie-, Wasser- und Umweltbranche finden sich dagegen deutlich weniger häufig Angaben über starke Belastungen durch schwere körperliche Arbeit. Hier kritisieren die Befragungsteilnehmer hauptsächlich Einschränkungen durch „ständiges Sitzen" und „Bewegungsmangel bei der Arbeit". Diese beiden Faktoren stehen auch bei Beschäftigten aus der Verkehrs- und Lagereibranche und sonstigen Dienstleistungsberufen an vorderer Stelle – sie geben aber gleichzeitig deutlich häufiger noch weitere starke Belastungen durch schwere körperliche Arbeiten an.

4 Ergebnisse aus Mitarbeiterbefragungen

Tabelle 7: Körperliche Belastungen am Arbeitsplatz – nach Wirtschaftsabschnitten

"Fühlen Sie sich durch folgende Faktoren an Ihrem Arbeitsplatz belastet?"	ins- gesamt	Verarbeitendes Gewerbe	Gesundheits- und Sozialwesen	Handel; Instandhaltung und Reparatur von Kraftfahrzeugen	Öff. Verwaltung, Verteidigung, Sozialvers., Exterrit. Organisat.	Sonstige Dienstleistungen, Private Haushalte	Verkehr und Lagerei	Bergbau, Energie- und Wasservers., Entsorgungswirtschaft
				Anzahl				
	28.223	12.175	4.210	1.808	4.361	1.619	643	779
schwere körperliche Arbeit			Angabe starker Belastungen in %					
Heben und Tragen schwerer Gegenstände	20,6	19,5	40,6	24,3	5,1	16,7	18,1	6,4
Schieben oder Ziehen von schweren Gegenständen	18,6	17,3	34,8	19,8	4,8	21,0	14,5	4,9
körperlich schwere Arbeit	16,9	16,3	31,8	16,8	4,5	26,2	13,4	5,9
ständiges Sitzen								
Bewegungsmangel bei der Arbeit	22,0	17,3	7,8	21,1	38,9	25,4	34,8	34,5
ständiges Stehen	19,0	15,5	8,6	17,4	31,5	23,7	29,2	26,2
ununterbrochen gleiche Bewegungen	19,7	27,0	18,9	21,6	3,5	11,4	9,6	5,0
ständiges Stehen	15,2	16,6	10,5	17,9	15,2	11,5	22,2	8,7
Arbeit in Zwangshaltungen								
gebückte Haltung, Rücken	17,6	17,5	28,8	22,5	7,2	15,9	12,3	8,7
Arbeiten mit zur Seite gedrehtem Oberkörper	13,9	12,9	19,3	16,0	12,8	10,7	16,8	8,4
beengte Platzverhältnisse	13,3	12,3	16,0	15,9	12,6	15,6	15,3	8,0
Arbeiten mit erhobenen Armen (Überkopfarbeit)	5,9	5,6	4,1	11,5	2,9	17,2	6,8	3,2

* Gemäß der Klassifikation der Wirtschaftszweige 2008 (WZ08) durch das Statistische Bundesamt.

WIdO 2010

4.4.2 Umgebungsbelastungen

Es ist unbestritten, dass auch die unmittelbare Arbeitsplatzumgebung Auswirkungen auf die Gesundheit der Beschäftigten hat. In den Teilnehmerbetrieben spielen Belastungsfaktoren wie Lärm (23,8 %), schlechte Belüftung (21,2 %) und Wärme bzw. Hitze (20,7 %) eine große Rolle *(siehe Abbildung 10)*. Nahezu ebenso häufig werden starke Beanspruchungen durch „Zugluft, Kälte" (18,3 %) oder der häufige Wechsel zwischen Wärme und Kälte (16,4 %) angegeben.

Viele Mitarbeiter sind an ihren Arbeitsplätzen offenbar Geruchsbelästigungen bzw. Dämpfen und Gasen ausgesetzt, 14,1 % fühlen sich dadurch belastet. Für nicht wenige (5,9 %) stellt der Umgang mit chemischen Stoffen, bei denen es sich häufig um Gefahrenstoffe handelt, eine Belastung dar.

Fast die Hälfte der Befragten (46,0 %) stuft ihren Arbeitsplatz als staubig oder schmutzig ein, rund ein Fünftel der Mitarbeiter (19,3 %) fühlen sich hierdurch stark belastet. Nicht selten sind Arbeitnehmer körperlich stark belastenden Erschütterungen, Stößen und Schwingungen ausgesetzt (8,1 %) und Arbeitsplatzumgebungen durch harte/kalte (8,1 %) oder unsichere Standflächen (3,6 %) und Nässe (7,0 %) gekennzeichnet. Jeder Zehnte (10,0 %) verrichtet stark belastende Arbeiten unter ungünstiger Beleuchtung, 4,3 % kritisieren schlechte Sichtverhältnisse bei der Arbeit.

Die Reihenfolge der Umgebungsbelastungen wurde auch in der vorangegangenen Stichprobe ermittelt und ist – auch im Hinblick auf die einzelnen Ausprägungen – relativ konstant geblieben *(Vetter/ Redmann 2005).*

4 Ergebnisse aus Mitarbeiterbefragungen

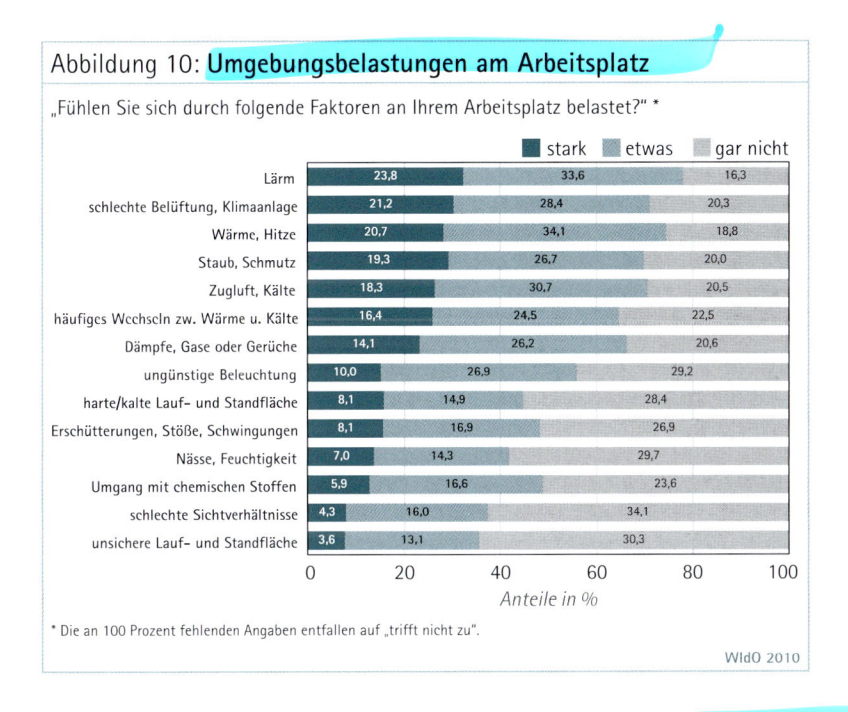

Abbildung 10: Umgebungsbelastungen am Arbeitsplatz

„Fühlen Sie sich durch folgende Faktoren an Ihrem Arbeitsplatz belastet?" *

Faktor	stark	etwas	gar nicht
Lärm	23,8	33,6	16,3
schlechte Belüftung, Klimaanlage	21,2	28,4	20,3
Wärme, Hitze	20,7	34,1	18,8
Staub, Schmutz	19,3	26,7	20,0
Zugluft, Kälte	18,3	30,7	20,5
häufiges Wechseln zw. Wärme u. Kälte	16,4	24,5	22,5
Dämpfe, Gase oder Gerüche	14,1	26,2	20,6
ungünstige Beleuchtung	10,0	26,9	29,2
harte/kalte Lauf- und Standfläche	8,1	14,9	28,4
Erschütterungen, Stöße, Schwingungen	8,1	16,9	26,9
Nässe, Feuchtigkeit	7,0	14,3	29,7
Umgang mit chemischen Stoffen	5,9	16,6	23,6
schlechte Sichtverhältnisse	4,3	16,0	34,1
unsichere Lauf- und Standfläche	3,6	13,1	30,3

Anteile in %

* Die an 100 Prozent fehlenden Angaben entfallen auf „trifft nicht zu".

WIdO 2010

Auch bei den Umgebungseinflüssen zeigt sich ein deutlicher Anstieg starker Belastungen mit dem Alter *(siehe Tabelle 8)*. Während sich jüngere Mitarbeiter tendenziell weniger häufig stark belastet fühlen, nehmen die kritischen Angaben bei fast allen Faktoren kontinuierlich zu. Lediglich bei der Handhabung chemischer Stoffe ergeben sich – bis auf die Gruppe der 20- bis 29-jährigen Befragten – kaum altersbedingte Abweichungen. Hier ist zu vermuten, dass sich die Beschäftigten mit zunehmendem Alter an den Umgang gewöhnt haben.

Insbesondere bei klimatischen Einflüssen wie Nässe und schlechter Belüftung, aber auch bei Wärme und Kälte im Wechsel, ferner bei Beanspruchungen durch unsichere, kalte Standflächen, Erschütterungen und Schwingungen und schlechte Beleuchtung steigen die Belastungswerte mit zunehmendem Alter deutlich an. In der Altersgruppe der über 50-jährigen Mitarbeiter werden diese Umgebungseinflüsse doppelt so häufig als stark belastend angegeben wie in der Gruppe der unter 20-jährigen Befragungsteilnehmer.

Tabelle 8: **Umgebungsbelastungen am Arbeitsplatz – nach Altersgruppen**

	insgesamt	Altersgruppen in Jahren				
		jünger als 20	20–29	30–39	40–49	50 und älter
	Anzahl					
„Fühlen Sie sich durch folgende Faktoren an Ihrem Arbeitsplatz belastet?"	28.223	1.508	4.662	6.788	7.068	4.135
	Angabe starker Belastungen in %					
Lärm	23,8	19,0	21,5	23,4	26,3	26,3
schlechte Belüftung, Klimaanlage	21,2	13,3	19,1	22,9	22,6	22,4
Wärme, Hitze	20,7	14,5	18,3	20,9	21,9	22,4
Staub, Schmutz	19,3	17,4	19,0	19,2	19,7	20,3
Zugluft, Kälte	18,3	12,7	13,8	18,5	20,6	20,9
häufiges Wechseln zwischen Wärme und Kälte	16,4	11,8	13,8	16,9	18,0	18,3
Dämpfe, Gase oder Gerüche	14,1	10,1	14,8	14,9	14,4	14,3
ungünstige Beleuchtung	10,0	5,5	8,4	10,5	11,4	11,5
harte/kalte Lauf- und Standfläche	8,1	5,9	6,6	8,4	9,0	9,0
Erschütterungen, Stöße, Schwingungen	8,1	6,1	7,0	8,6	10,4	10,0
Nässe, Feuchtigkeit	7,0	4,8	5,0	7,0	8,2	8,3
Umgang mit chemischen Stoffen	5,9	5,1	7,0	5,6	5,3	5,2
schlechte Sichtverhältnisse	4,3	2,8	2,8	4,4	5,6	5,6
unsichere Lauf- und Standfläche	3,6	1,8	3,4	3,8	4,4	4,2

WIdO 2010

Erwartungsgemäß differenzieren die Angaben starker Belastungen durch die Arbeitsplatzumgebung je nach Wirtschaftszweigzugehörigkeit der Befragten *(siehe Tabelle 9)*.

4 Ergebnisse aus Mitarbeiterbefragungen

Tabelle 9: Umgebungsbelastungen am Arbeitsplatz – nach Wirtschaftsabschnitten

	insgesamt	Verarbeitendes Gewerbe	Gesundheits- und Sozialwesen	Handel; Instandhaltung und Reparatur von Kraftfahrzeugen	Öff. Verwaltung, Verteidigung, Sozialvers., Exterrit. Organisat.	Sonstige Dienstleistungen, Private Haushalte	Verkehr und Lagerei	Bergbau, Energie- und Wasservers., Entsorgungswirtschaft
					Anzahl			
„Fühlen Sie sich durch folgende Faktoren an Ihrem Arbeitsplatz belastet?"	28.223	12.175	4.210	1.808	4.361	1.619	643	779
				Angabe starker Belastungen in %				
Lärm	23,8	32,2	12,0	23,9	13,6	15,9	23,7	10,9
schlechte Belüftung, Klimaanlage	21,2	25,9	15,1	31,3	13,2	12,3	17,0	10,1
Wärme, Hitze	20,7	24,1	13,6	23,0	18,1	15,9	28,0	22,0
Staub, Schmutz	19,3	22,8	9,5	27,4	10,5	7,9	32,4	10,9
Zugluft, Kälte	18,3	22,2	11,2	27,8	11,7	9,8	36,2	12,7
häufiges Wechseln zwischen Wärme und Kälte	16,4	19,3	13,7	22,1	9,7	8,3	36,2	13,3
Dämpfe, Gase oder Gerüche	14,1	16,3	11,7	15,3	8,3	9,5	17,3	8,1
ungünstige Beleuchtung	10,0	9,3	10,0	14,7	8,8	7,5	14,4	9,2
harte/kalte Lauf- und Standfläche	8,1	9,8	4,1	9,9	1,9	7,8	10,7	2,5
Erschütterungen, Stöße, Schwingungen	8,1	7,1	1,7	12,7	9,8	–	24,9	7,0
Nässe, Feuchtigkeit	7,0	7,2	7,9	8,6	5,6	6,1	10,5	7,5
Umgang mit chemischen Stoffen	5,9	6,8	7,3	6,2	2,0	5,6	4,3	2,7
schlechte Sichtverhältnisse	4,3	3,8	3,7	5,7	4,4	2,6	7,9	4,3
unsichere Lauf- und Standfläche	3,6	4,4	2,1	5,3	1,4	1,8	6,2	2,3

* Gemäß der Klassifikation der Wirtschaftszweige 2008 (WZ08) durch das Statistische Bundesamt.

WIdO 2010

Bei Beschäftigten aus der Branche Verkehr und Lagerei lassen sich insgesamt die meisten starken Beanspruchungen ermitteln. Mehr als ein Drittel von ihnen geben für ihre Arbeitsumgebung jeweils starke Belastungen durch „Zugluft, Kälte" sowie „häufiges Wechseln zwischen Wärme und Kälte" (36,2 %) an.

Beschäftigte im verarbeitenden Gewerbe zeigen sich erwartungsgemäß von branchentypischen Umgebungsfaktoren belastet, wie sie nicht selten in Fabrikgebäuden und Maschinenhallen vorzufinden sind: Die Arbeitsbedingungen gehen häufig mit starken Belastungen wie „Lärm" (32,2 %), „schlechter Luft" (25,9 %), „Wärme bzw. Hitze" (24,1 %) sowie „Staub, Schmutz" (22,8 %) einher.

Im Handel liegen durchweg alle Angaben über dem Durchschnitt. Die befragten Branchenmitarbeiter kritisieren am häufigsten starke Beanspruchungen durch klimatische Faktoren wie „schlechte Belüftung" (31,1 %) oder „Zugluft, Kälte" (27,8 %) sowie erhebliche Belastungen durch „Staub, Schmutz" (27,4 %).

4.4.3 Belastungen durch Unfallgefahren

Auch wenn Arbeitsplätze den gängigen Arbeitsschutzbestimmungen und -normen unterliegen, kann die Arbeitsumgebung von den Beschäftigten subjektiv als gefährlich und damit gesundheitsbelastend erlebt werden.

Die Angaben der befragten Mitarbeiter zeigen, dass ein nicht unerheblicher Teil der Beschäftigten sich am Arbeitsplatz Gefahren ausgesetzt sieht *(siehe Abbildung 11)*. So erleben immerhin sechs Prozent der befragten Mitarbeiter den Umgang mit Arbeitsgeräten, Maschinen, Fahrzeugen oder den Aufenthalt in deren Nähe als stark belastend. Genauso viele geben stark belastende Arbeiten mit gefährlichen Stoffen an, fünf Prozent sehen sich an ihrem Arbeitsplatz durch Unfall- bzw. Absturzgefahr bedroht.

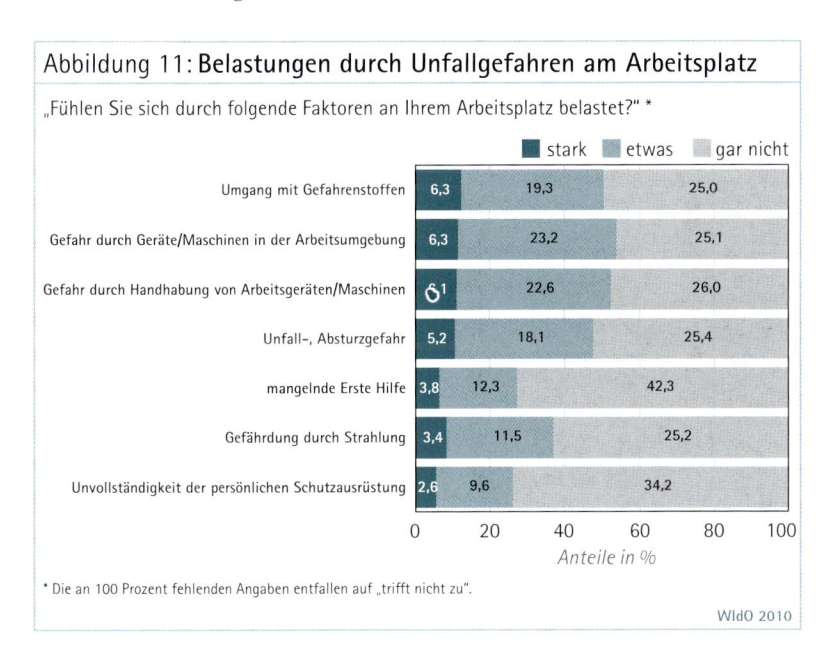

Abbildung 11: Belastungen durch Unfallgefahren am Arbeitsplatz

„Fühlen Sie sich durch folgende Faktoren an Ihrem Arbeitsplatz belastet?" *

Faktor	stark	etwas	gar nicht
Umgang mit Gefahrenstoffen	6,3	19,3	25,0
Gefahr durch Geräte/Maschinen in der Arbeitsumgebung	6,3	23,2	25,1
Gefahr durch Handhabung von Arbeitsgeräten/Maschinen	6,1	22,6	26,0
Unfall-, Absturzgefahr	5,2	18,1	25,4
mangelnde Erste Hilfe	3,8	12,3	42,3
Gefährdung durch Strahlung	3,4	11,5	25,2
Unvollständigkeit der persönlichen Schutzausrüstung	2,6	9,6	34,2

Anteile in %

* Die an 100 Prozent fehlenden Angaben entfallen auf „trifft nicht zu".

WIdO 2010

Nicht in allen Unternehmen scheinen bei Arbeitsunfällen oder Verletzungen aus Sicht der befragten Mitarbeiter ausreichende Erste-Hilfe-Maßnahmen gewährleistet zu sein. Auch eine ausreichende Sicherheit vor Strahlung und die Vollständigkeit von Schutzausrüstungen ist – nach Einschätzung der betroffenen Befragten – nicht immer gegeben.

Die Belastungen durch Unfallgefahren am Arbeitsplatz spielen zwar insgesamt eine vergleichsweise untergeordnete Rolle, allerdings sind die Folgen dieser Belastungen für die Betroffenen gravierend und stellen damit einen nicht zu unterschätzenden Stressor dar.

Die Gefährdungsbeurteilungen verlaufen über die einzelnen Altersgruppen hinweg uneinheitlich *(siehe Tabelle 10)*. Junge Mitarbeiter unter 20 Jahre fühlen sich am wenigsten starken Unfallgefahren ausgesetzt – sie sind im Arbeitsalltag noch wenig sensibilisiert und verfügen über wenig Erfahrung mit Unfällen und Gefährdungen. In den Altersgruppen zwischen 20 und 29 Jahren und 40 bis 49 Jahren fallen dagegen die negativen Bewertungen häufig überdurchschnittlich hoch aus.

Tabelle 10: **Belastungen durch Unfallgefahren am Arbeitsplatz – nach Altersgruppen**

		Altersgruppen in Jahren				
	insgesamt	jünger als 20	20–29	30–39	40–49	50 und älter
„Fühlen Sie sich durch folgende Faktoren an Ihrem Arbeitsplatz belastet?"		Anzahl				
	28.223	1.508	4.662	6.788	7.068	4.135
		Angabe starker Belastungen in %				
Gefahr durch Geräte/Maschinen in der Arbeitsumgebung	6,3	5,3	6,5	6,3	6,6	5,8
Umgang mit Gefahrenstoffen	6,3	4,7	7,1	5,9	6,0	7,0
Gefahr durch Handhabung von Arbeitsgeräten/Maschinen	6,1	5,2	7,1	5,8	6,4	6,0
Unfall-, Absturzgefahr	5,2	3,6	5,3	5,3	6,1	4,2
mangelnde Erste Hilfe	3,8	2,3	3,6	3,8	4,6	3,9
Gefährdung durch Strahlung	3,4	1,5	3,1	3,6	3,7	4,1
Unvollständigkeit der persönlichen Schutzausrüstung	2,6	2,3	3,2	2,6	2,5	3,1

WIdO 2010

Bei den über 50-jährigen gehen die Belastungseinschätzungen – bis auf die Gefährdung durch Gefahrenstoffe, Strahlung und Kritik an der Schutzkleidung – wieder etwas zurück. Eine Erklärung dafür könnte sein, dass ältere, erfahrene Beschäftigte zum einen im Laufe ihres Erwerbslebens positive Veränderungen im Arbeitsschutz erlebt haben und nun die aktuelle Situation – im Vergleich zu früher – als weniger belastend einschätzen. Ferner sind ältere Beschäftigte mutmaßlich weniger risikobereit und werden weniger bei unfallträchtigen Tätigkeiten eingesetzt als ihre jüngeren Kollegen.

Die Auswertung nach Wirtschaftsabschnitten liefert Hinweise auf branchenspezifische Umsetzungsdefizite im Arbeitsschutz *(siehe Tabelle 11)*. So geben Mitarbeiter aus dem Handel bei allen erhobenen Faktoren überdurchschnittlich häufig das Vorliegen von starken Belastungen durch Unfallgefahren am Arbeitsplatz an, während sich Beschäftigte aus Verwaltungsunternehmen und Betrieben der Energie- und Wasserversorgung durchweg weniger betroffen fühlen.

Mehr als jeder zehnte Mitarbeiter (11,7 % bzw. 10,9 %) aus den Branchen Verkehr und Lagerei sowie sonstigen privaten Dienstleistungen fühlt sich bei der Arbeit durch Unfall- und Absturzgefahren stark belastet. Beschäftigte aus dem Handel sowie aus dem Bereich Verkehr und Lagerei geben die höchsten Belastungswerte bei Gefahren an, die von Maschinen und Geräten in der Arbeitsumgebung ausgehen (11,3 % bzw. 11,0 %).

Tabelle 11: Belastungen durch Unfallgefahren am Arbeitsplatz – nach Wirtschaftsabschnitten

"Fühlen Sie sich durch folgende Faktoren an Ihrem Arbeitsplatz belastet?"	insgesamt	Verarbeitendes Gewerbe	Gesundheits- und Sozialwesen	Handel; Instandhaltung und Reparatur von Kraftfahrzeugen	Öff. Verwaltung, Verteidigung, Sozialvers., Exterrit. Organisat.	Sonstige Dienstleistungen, Private Haushalte	Verkehr und Lagerei	Bergbau, Energie- und Wasservers., Entsorgungswirtschaft
	\multicolumn{8}{c}{Anzahl}
	28.223	12.175	4.210	1.808	4.361	1.619	643	779
	\multicolumn{8}{c}{Angabe starker Belastungen in %}
Gefahr durch Geräte/Maschinen in der Arbeitsumgebung	6,3	7,9	2,1	11,3	2,1	8,0	11,0	5,1
Umgang mit Gefahrenstoffen	6,3	7,4	7,1	7,7	2,1	4,5	5,7	4,1
Gefahr durch Handhabung von Arbeitsgeräten/Maschinen	6,1	7,8	3,3	6,8	2,2	2,6	9,4	4,8
Unfall-, Absturzgefahr	5,2	5,5	3,0	9,3	1,6	10,9	11,7	5,6
mangelnde Erste Hilfe	3,8	3,6	2,0	6,2	2,2	2,2	5,8	1,7
Gefährdung durch Strahlung	3,4	2,6	7,8	5,2	1,9	5,2	2,5	1,9
Unvollständigkeit der persönlichen Schutzausrüstung	2,6	2,7	1,8	3,7	1,0	6,6	6,0	1,2

* Gemäß der Klassifikation der Wirtschaftszweige 2008 (WZ08) durch das Statistische Bundesamt.

WIdO 2010

4.4.4 Psychische Belastungen

Neben den körperlichen Belastungen spielen psychische Belastungsfaktoren für viele Arbeitnehmer eine wichtige Rolle *(siehe Abbildung 12)*. Mehr als die Hälfte der Beschäftigten (55,5 %) geben im Rahmen der betrieblichen Mitarbeiterbefragungen an, sich durch das Risiko drohender Arbeitslosigkeit belastet zu fühlen, ein Fünftel (21,6 %) stuft sich als stark belastet ein.

4 Ergebnisse aus Mitarbeiterbefragungen

Abbildung 12: Psychische Belastungen am Arbeitsplatz

„Fühlen Sie sich durch folgende Faktoren an Ihrem Arbeitsplatz belastet?" *

Faktor	stark	etwas	gar nicht
ständige Aufmerksamkeit/Konzentration	30,1	38,3	24,4
Termin- oder Leistungsdruck	29,8	43,5	17,5
Störungen oder Unterbrechungen bei der Arbeit	25,0	41,3	23,0
hohes Arbeitstempo	24,4	37,9	25,6
hohe Verantwortung	23,8	35,4	29,6
zu große Arbeitsmengen	22,0	41,0	25,2
das Risiko, arbeitslos zu werden	21,6	33,9	27,0
die erforderliche Genauigkeit	21,5	31,9	37,5
mangelnde Information	16,9	42,8	27,6
hohe Fehlermöglichkeit	15,8	39,0	33,9
geringe Planbarkeit meiner Arbeit	13,4	36,1	35,2
unerwartete Schwierigkeiten und Probleme	13,1	46,2	31,6
zu enge Vorschriften, zu wenig Handlungsspielräume	12,2	32,1	35,2
schlechte Zusammenarbeit zwischen Abteilungen/Gruppen	10,4	34,5	34,4
ungünstige Arbeitszeiten	10,0	18,4	41,4
komplizierte Aufgaben/schwierige Entscheidungen	9,9	37,9	37,6
die Zahl der Überstunden	9,8	25,7	41,2
zu viel Bildschirmarbeit	9,1	23,8	33,3
schlechte Zusammenarbeit in meiner Abteilung/Gruppe	8,4	24,4	41,2
schlechtes Verhältnis zu meinem Vorgesetzten	8,0	17,7	44,8
Ärger mit Kunden	7,8	27,5	33,4
eintönige Arbeit	7,6	20,1	42,3
lange Anfahrtszeit zur Arbeit	6,9	14,9	37,0
Isolation am Einzelarbeitsplatz	2,7	8,5	41,0

Anteile in %

* Die an 100 Prozent fehlenden Angaben entfallen auf „trifft nicht zu".

WIdO 2010

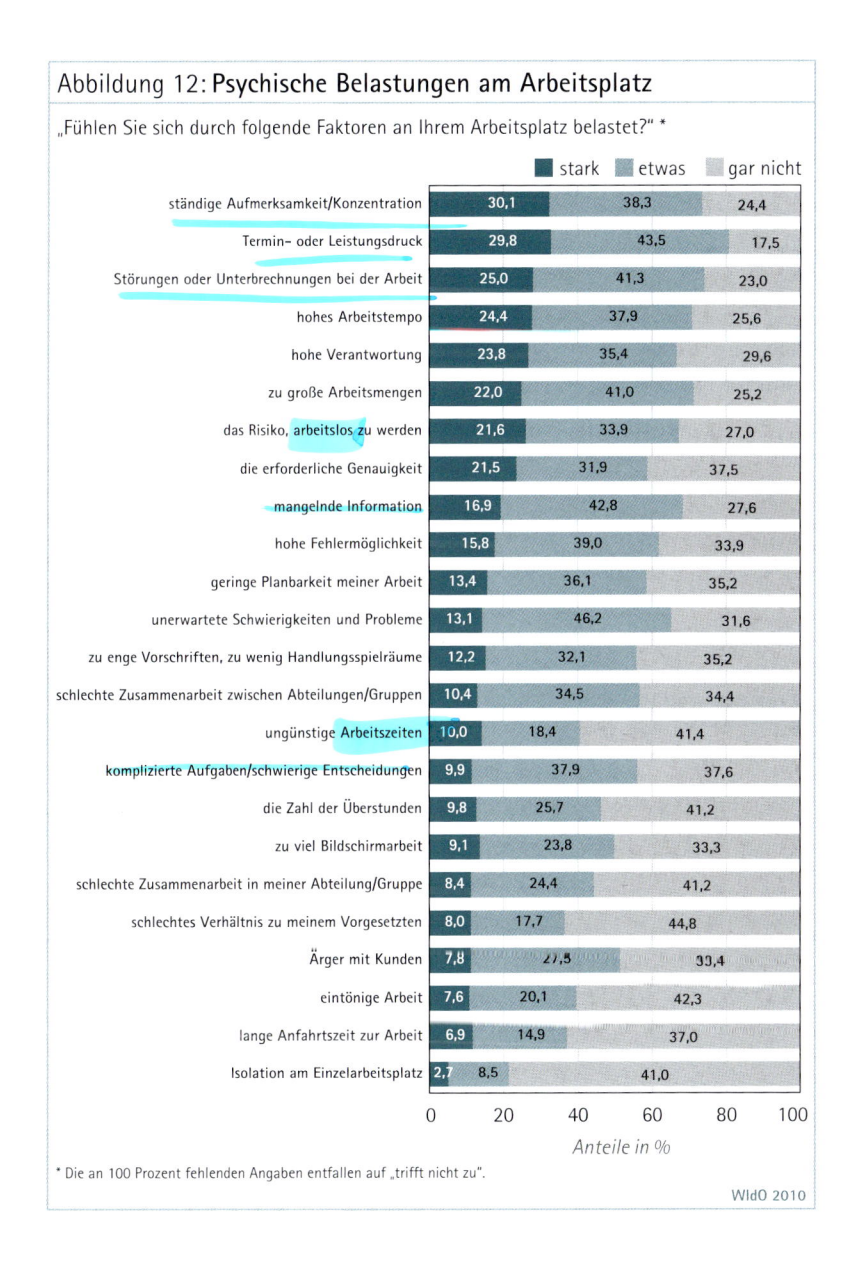

59

Insgesamt dokumentieren die empirischen Befunde aus den vorliegenden Befragungen, dass psychische Anforderungen für die Mitarbeiter eine hohe Relevanz haben. An erster Stelle der Angaben zu psychischen Stressoren stehen ständige Aufmerksamkeit und Konzentration bei der Arbeit sowie Termin- bzw. Leistungsdruck: Fast ein Drittel der befragten Beschäftigten benennen starke Belastungen durch diese Faktoren. Dazu passt, dass im Anschluss Störungen oder Unterbrechungen bei der Arbeit von jedem Vierten als stark belastend benannt werden (25,0 %).

Fast ein Viertel erleben das Tempo (24,4 %) und die Menge (22,0 %) der zu verrichtenden Arbeit als stark belastend. Ähnlich (23,8 %) viele empfinden bei ihrer Tätigkeiten eine hohe Verantwortung.

Stress durch Überforderung, Leistungs- und Zeitdruck hat kurz- und langfristige Folgen. Jeder Zehnte kritisiert im Rahmen der Mitarbeiterbefragungen starke Belastungen durch ungünstige Arbeitszeiten (10,0 %), Überstunden (9,8 %) und zu viel Bildschirmarbeit (9,1 %). Starke bzw. ständige Belastungen durch diese Faktoren führen zu physischen und psychischen Beeinträchtigungen. Auf der körperlichen Seite sind in erster Linie Verspannungen zu beobachten, psychische Beeinträchtigungen sind Ermüdungs- und Erschöpfungszustände („Burn-out", Depressionen). Die Leistungsfähigkeit lässt nach und die Fehleranfälligkeit steigt. Entsprechend häufig geben Mitarbeiter Angst vor Fehlern (15,8 %), und vor der notwendigen Genauigkeit (21,5 %) an.

Hinzu kommen starke Belastungen, die sich aus unterschiedlichen qualitativen Arbeitsanforderungen ergeben, wie die Konfrontation mit unerwarteten Schwierigkeiten und Problemen (13,1 %), einer geringen Planbarkeit der Arbeit (13,4 %), zu engen Vorschriften (12,2 %)

sowie komplizierten Aufgabenstellungen und der Notwendigkeit, schwierige Entscheidungen zu treffen (9,9 %). Nicht wenige fühlen sich durch eintönige Arbeit stark unterfordert (7,6 %). Rund acht Prozent der befragten Mitarbeiter bekennen starke Belastungen im Kontakt bzw. in der Kommunikation mit Kunden (7,8 %), acht Prozent geben ein schlechtes Verhältnis zu ihrem Vorgesetzten an.

Defizite in der betrieblichen Organisation deuten sich an, wenn mangelnde Informationen im Arbeitsumfeld als stark belastend kritisiert werden (16,9 %). Nicht wenige Arbeitnehmer bewerten ferner im Rahmen der betrieblichen Befragungen die Zusammenarbeit zwischen den verschiedenen betrieblichen Organisationseinheiten (10,4 %), aber auch innerhalb der eigenen Abteilung oder Gruppe kritisch (8,4 %). 2,7 % fühlen sich durch ihren "Einzelarbeitsplatz" isoliert und damit stark belastet.

Viele Beschäftigte nehmen heutzutage lange Anfahrtszeiten zum Arbeitsplatz in Kauf. 6,9 % der befragten Mitarbeiter erleben das Pendeln zwischen Wohnort und Arbeitsstätte als Belastungsfaktor.

Bei der Analyse nach dem Alter der Befragten zeigt sich bei fast allen erhobenen Variablen, dass der Anteil starker Belastungen auch hier mit zunehmendem Alter wächst *(siehe Tabelle 12)*. Neben einer mit dem Alter und den Berufsjahren wachsenden Beanspruchung durch mehr Verantwortung, komplexe Aufgaben und schwierige Entscheidungen werden Arbeitsbedingungen genannt, bei denen Zeitdruck, Arbeitsgeschwindigkeit und -menge eine Rolle spielen. Hier zeigen sich die jüngeren Mitarbeiter noch deutlich weniger belastet als ihre älteren Kollegen.

Tabelle 12: Psychische Belastungen am Arbeitsplatz – nach Altersgruppen

"Fühlen Sie sich durch folgende Faktoren an Ihrem Arbeitsplatz belastet?"	insgesamt	Altersgruppen in Jahren				
		jünger als 20	20–29	30–39	40–49	50 und älter
		Anzahl				
	28.223	1.508	4.662	6.788	7.068	4.135
	Angabe starker Belastungen in %					
ständige Aufmerksamkeit/Konzentration	30,1	20,5	26,9	29,9	33,0	33,3
Termin- oder Leistungsdruck	29,8	15,4	27,0	30,8	32,6	31,7
Störungen oder Unterbrechungen bei der Arbeit	25,0	18,7	24,7	27,0	25,7	24,3
hohes Arbeitstempo	24,4	12,9	21,2	24,0	27,1	25,8
hohe Verantwortung	23,8	14,6	19,2	24,1	27,5	27,8
zu große Arbeitsmengen	22,0	10,3	19,7	23,0	23,6	22,5
das Risiko, arbeitslos zu werden	21,6	14,0	20,5	19,9	24,2	20,7
die erforderliche Genauigkeit	21,5	17,0	20,5	21,3	23,1	23,3
mangelnde Information	16,9	10,8	15,3	17,8	17,7	16,6
hohe Fehlermöglichkeit	15,8	13,0	15,2	15,8	17,5	15,8
geringe Planbarkeit meiner Arbeit	13,4	8,3	12,3	14,0	15,0	13,3
unerwartete Schwierigkeiten und Probleme	13,1	8,5	13,4	14,3	13,3	12,5
zu enge Vorschriften, zu wenig Handlungsspielräume	12,2	6,2	10,7	13,0	12,9	11,8
schlechte Zusammenarbeit zwischen Abteilungen/Gruppen	10,4	8,8	11,0	10,9	10,6	9,4
ungünstige Arbeitszeiten	10,0	7,0	8,9	10,2	11,0	9,2
komplizierte Aufgaben/schwierige Entscheidungen	9,9	5,9	9,0	10,1	11,2	11,1

...

Tabelle 12: *Fortsetzung*

„Fühlen Sie sich durch folgende Faktoren an Ihrem Arbeitsplatz belastet?"	insgesamt	Altersgruppen in Jahren				
		jünger als 20	20–29	30–39	40–49	50 und älter
		Anzahl				
	28.223	1.508	4.662	6.788	7.068	4.135
	Angabe starker Belastungen in %					
die Zahl der Überstunden	9,8	5,3	10,0	10,0	9,8	9,3
zu viel Bildschirmarbeit	9,1	10,1	9,3	9,9	7,9	9,1
schlechte Zusammenarbeit in meiner Abteilung/Gruppe	8,4	6,5	7,9	8,5	9,0	8,9
schlechtes Verhältnis zu meinem Vorgesetzten	8,0	5,3	8,1	7,7	8,5	9,4
Ärger mit Kunden	7,8	8,6	7,4	7,8	7,6	8,4
eintönige Arbeit	7,6	6,4	8,3	7,3	7,3	6,7
lange Anfahrtszeit zur Arbeit	6,9	7,1	7,0	7,1	6,1	6,3
Isolation am Einzelarbeitsplatz	2,7	2,7	2,7	2,7	2,6	3,1

WIdO 2010

Die Branchendifferenzierung ergibt nahezu in allen Abschnitten ein hohes Anforderungsprofil im Hinblick auf Termin-, Leistungs- und Zeitdruck bei der Arbeit *(siehe Tabelle 13)*. Auffällig ist aber, dass Beschäftigte aus der Gesundheits- und Sozialbranche hinsichtlich psychischer Belastungen bei den meisten der angebotenen Items die höchsten Belastungsanteile aufweisen. Vielfach nennen die Betroffenen starke Beanspruchungen durch eine hohe Verantwortung bei der Arbeit (40,0 %), verbunden mit Zeit- und Leistungsdruck (38,4 %) sowie ständiger Aufmerksamkeit (38,3 %) und nötiger Genauigkeit (27,4 %). Überdurchschnittlich viele kritisieren zudem die hohen Arbeitsmengen (32,7%) und fast jeder Fünfte bemängelt die Zahl der anfallenden Überstunden (17,6 %).

4 Ergebnisse aus Mitarbeiterbefragungen

Tabelle 13: Psychische Belastungen am Arbeitsplatz – nach Wirtschaftsabschnitten

„Fühlen Sie sich durch folgende Faktoren an Ihrem Arbeitsplatz belastet?"	insgesamt	Verarbeitendes Gewerbe	Gesundheits- und Sozialwesen	Handel; Instandhaltung und Reparatur von Kraftfahrzeugen	Öff. Verwaltung, Verteidigung, Sozialvers., Exterrit. Organisat.	Sonstige Dienstleistungen, Private Haushalte	Verkehr und Lagerei	Bergbau, Energie- und Wasservers., Entsorgungswirtschaft
Anzahl	28.223	12.175	4.210	1.808	4.361	1.619	643	779
Angabe starker Belastungen in %								
ständige Aufmerksamkeit/Konzentration	30,1	26,6	38,3	35,2	30,3	29,6	41,6	25,2
Termin- oder Leistungsdruck	29,8	29,2	38,4	32,1	23,2	34,2	30,7	17,4
Störungen oder Unterbrechungen bei der Arbeit	25,0	24,0	34,8	23,5	24,8	27,9	15,7	14,8
hohes Arbeitstempo	24,4	25,2	33,8	29,8	16,5	28,8	24,1	9,4
hohe Verantwortung	23,8	21,5	40,0	19,1	20,6	20,9	36,5	18,8
zu große Arbeitsmengen	22,0	20,2	32,7	20,0	20,7	26,3	15,8	10,3
das Risiko, arbeitslos zu werden	21,6	23,8	18,9	27,0	13,0	30,9	28,9	27,0
die erforderliche Genauigkeit	21,5	21,3	27,4	25,2	18,7	23,4	21,6	16,4
mangelnde Information	16,9	17,6	15,9	23,4	11,5	15,9	17,6	15,4
hohe Fehlermöglichkeit	15,8	16,4	18,7	22,6	12,2	15,5	13,2	13,3
geringe Planbarkeit meiner Arbeit	13,4	13,4	18,1	13,2	8,8	12,8	12,8	10,3
unerwartete Schwierigkeiten und Probleme	13,1	13,3	19,2	12,2	9,8	10,0	10,6	9,6
zu enge Vorschriften, zu wenig Handlungsspielräume	12,2	10,9	14,5	17,3	8,9	19,7	16,1	7,9
schlechte Zusammenarbeit zwischen Abteilungen/Gruppen	10,4	10,4	10,9	12,0	6,9	11,2	12,6	9,9

...

Tabelle 13: *Fortsetzung*

"Fühlen Sie sich durch folgende Faktoren an Ihrem Arbeitsplatz belastet?"	insgesamt	Verarbeitendes Gewerbe	Gesundheits- und Sozialwesen	Handel; Instandhaltung und Reparatur von Kraftfahrzeugen	Öff. Verwaltung, Verteidigung, Sozialvers., Exterrit. Organisat.	Sonstige Dienstleistungen, Private Haushalte	Verkehr und Lagerei	Bergbau, Energie- und Wasservers., Entsorgungswirtschaft
	\multicolumn{8}{c}{Anzahl}							
	28.223	12.175	4.210	1.808	4.361	1.619	643	779
	\multicolumn{8}{c}{Angabe starker Belastungen in %}							
ungünstige Arbeitszeiten	10,0	9,2	11,7	18,6	5,0	6,7	18,5	5,0
komplizierte Aufgaben/schwierige Entscheidungen	9,9	8,5	14,8	6,3	11,3	11,9	6,4	8,4
die Zahl der Überstunden	9,8	8,5	17,6	9,2	7,4	9,3	9,0	3,1
zu viel Bildschirmarbeit	9,1	6,2	5,4	10,5	15,1	16,5	4,3	11,6
schlechte Zusammenarbeit in meiner Abteilung/Gruppe	8,4	8,1	10,1	10,2	6,8	7,5	11,2	6,5
schlechtes Verhältnis zu meinem Vorgesetzten	8,0	8,9	8,4	9,3	4,0	6,5	9,9	7,3
Ärger mit Kunden	7,8	3,8	14,4	7,2	10,1	7,0	18,0	10,0
eintönige Arbeit	7,6	9,2	3,0	11,4	6,5	5,8	9,0	5,0
lange Anfahrtszeit zur Arbeit	6,0	6,7	4,7	9,2	7,9	10,4	8,6	3,3
Isolation am Einzelarbeitsplatz	2,7	2,7	2,4	2,6	2,8	2,1	4,3	2,7

* Gemäß der Klassifikation der Wirtschaftszweige 2008 (WZ08) durch das Statistische Bundesamt.

WIdO 2010

Beschäftigte aus Verkehr und Lagerei sowie aus dem Dienstleistungssektor geben ebenfalls überdurchschnittlich häufig psychische Belastungen an. Im Bereich Verkehr und Lagerei fühlen sich die meisten

Befragten durch Faktoren wie ständige Aufmerksamkeit (41,6 %) hohe Verantwortung (36,5 %) und Termin- bzw. Leistungsdruck (30,7 %) belastet. Jeder vierte äußert ferner Angst vor Arbeitslosigkeit (28,9 %). Dies trifft auch auf Beschäftigte in Dienstleistungsberufen zu (30,9 %), die ebenfalls überdurchschnittlich häufig über Termin- oder Leistungsdruck bei der Arbeit klagen (34,2 %).

Auch für Befragte aus der Verwaltung steht die ständige Aufmerksamkeit und Konzentration an erster Stelle (30,3 %), sie geben aber im Vergleich zu Befragten aus anderen Wirtschaftszweigen insgesamt wenig starke Belastungen an. Dies gilt auch für Mitarbeiter aus der Energie- und Wasserwirtschaft; der größte Belastungsfaktor in dieser Branche ist das „Risiko, arbeitslos zu werden".

4.5 Belastungskumulationen

Im vorangehenden Kapitel wurde deutlich, wie weit verbreitet einzelne Arbeitsbelastungen sind. Zusammenfassend fällt auf, dass von den befragten Beschäftigten psychische Belastungen deutlich häufiger als andere Gesundheitsgefährdungen angegeben werden *(siehe Abbildung 13)*: Unter den „Top Ten" der benannten Belastungsfaktoren befinden sich sieben psychische Parameter, dagegen nur drei Faktoren, die körperlichen oder klimatischen Belastungsfaktoren zuzuordnen sind *(vergleiche hierzu auch Destatis 2009)*.

Abbildung 13: „Top Ten" starker Belastungen bei Beschäftigten

„Fühlen Sie sich durch folgende Faktoren an Ihrem Arbeitsplatz belastet?"

Belastungsfaktor	Anteil in %
ständige Aufmerksamkeit/Konzentration	30,1
Termin- oder Leistungsdruck	29,8
Störungen oder Unterbrechungen bei der Arbeit	25,0
hohes Arbeitstempo	24,4
Lärm	23,8
hohe Verantwortung	23,8
zu große Arbeitsmengen	22,0
ständiges Sitzen	22,0
das Risiko, arbeitslos zu werden	21,6
schlechte Belüftung, Klimaanlage	21,2

WIdO 2010

Bei den gesundheitlichen Auswirkungen von Arbeitsbelastungen sollte ferner berücksichtigt werden, dass an vielen Arbeitsplätzen mehrere Belastungsfaktoren gleichzeitig auftreten können. Häufig sind es gerade Belastungskombinationen, die mit besonderen Risiken für die Gesundheit der Arbeitnehmer verbunden sind. Im Folgenden wird gezeigt, wie häufig Belastungskumulationen an den Arbeitsplätzen auftreten und welche Beschäftigtengruppen besonders von Mehrfachbelastungen betroffen sind. So nimmt die Zahl der Mehrfachbelastungen bis zu einem Alter von 50 Jahren tendenziell zu – bei Männern mehr als bei Frauen *(siehe Abbildung 14)*.

4 Ergebnisse aus Mitarbeiterbefragungen

Abbildung 14: Belastungskumulation am Arbeitsplatz – nach Alter und Geschlecht

Anzahl der als stark empfundenen Belastungen: keine | eine | zwei | drei bis vier | fünf und mehr | Durchschnitt

Frauen:
- 50 Jahre und älter: 18,4 | 10,8 | 9,3 | 16,6 | 44,9 | 5,7
- 40–49 Jahre: 17,5 | 10,4 | 9,4 | 16,2 | 46,5 | 5,8
- 30–39 Jahre: 18,7 | 11,4 | 10,2 | 15,3 | 44,4 | 5,3
- 20–29 Jahre: 20,5 | 11,8 | 9,7 | 15,8 | 42,2 | 4,9
- jünger als 20 Jahre: 22,0 | 14,7 | 12,7 | 19,8 | 30,8 | 4,0

Männer:
- 50 Jahre und älter: 19,7 | 12,1 | 9,0 | 18,3 | 40,9 | 5,5
- 40–49 Jahre: 17,8 | 11,0 | 9,5 | 12,8 | 48,9 | 6,5
- 30–39 Jahre: 16,1 | 10,5 | 8,2 | 13,6 | 51,6 | 6,7
- 20–29 Jahre: 19,8 | 11,4 | 9,4 | 14,4 | 45,0 | 5,6
- jünger als 20 Jahre: 26,5 | 13,3 | 9,2 | 18,0 | 33,0 | 4,3

Anteile in %

WIdO 2010

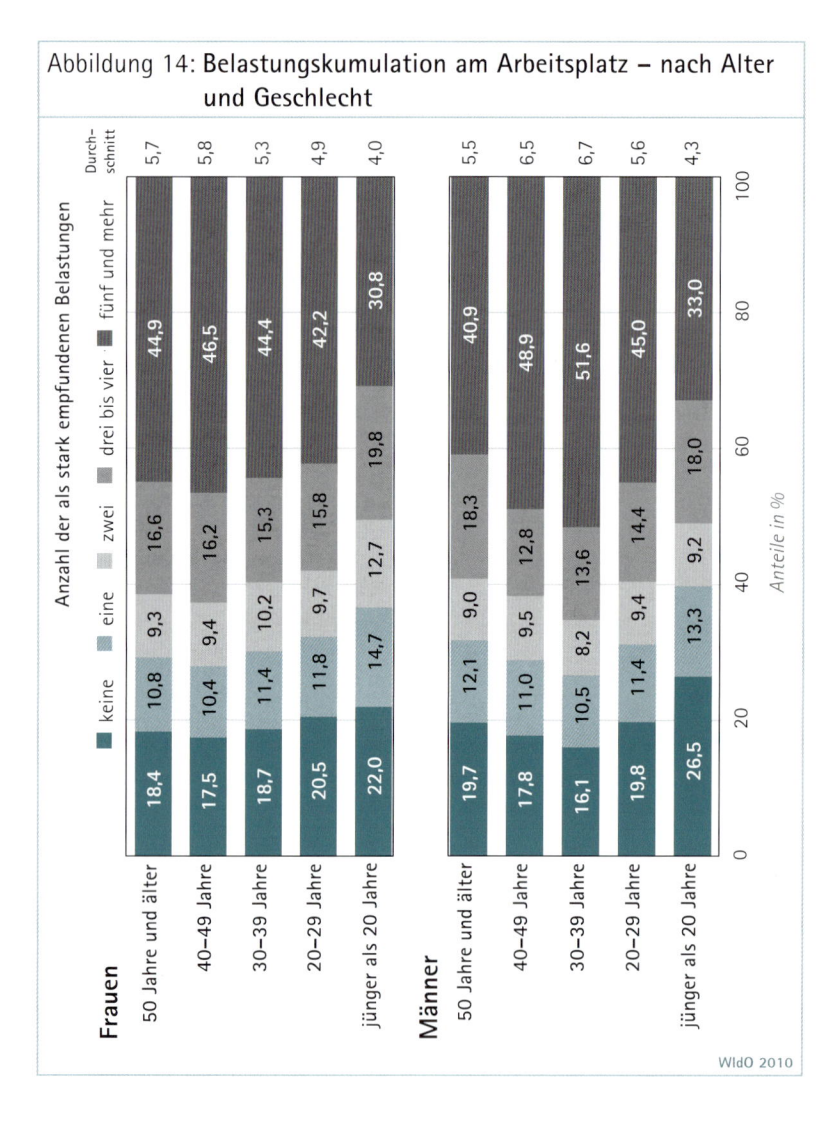

Für die Abnahme der Mehrfachbelastungen bei den über 50-Jährigen dürften vor allem zwei Faktoren verantwortlich sein: Zum einen dürfte eine veränderte Belastungswahrnehmung eine Rolle spielen, bei der sich die wachsende Berufserfahrung auswirkt. In Betracht zu ziehen ist auch, dass insbesondere in den höheren Altersgruppen ein großer Teil der gesundheitlich besonders belasteten Beschäftigten bereits aus dem Erwerbsprozess ausgeschieden ist.

Große Belastungsunterschiede zeigen sich in Abhängigkeit von der sozialen Lage *(siehe Abbildung 15)*. Bei Arbeitern treten Mehrfachbelastungen deutlich häufiger auf als bei Angestellten. Von der Gruppe der befragten Angestellten werden im Durchschnitt 4,8 Belastungen angegeben und 40,0 % sind von fünf und mehr starken Belastungen betroffen. Arbeiter bzw. Facharbeiter benennen nahezu doppelt so viele Belastungen, hier ist die Mehrheit von mindestens fünf Belastungen betroffen.

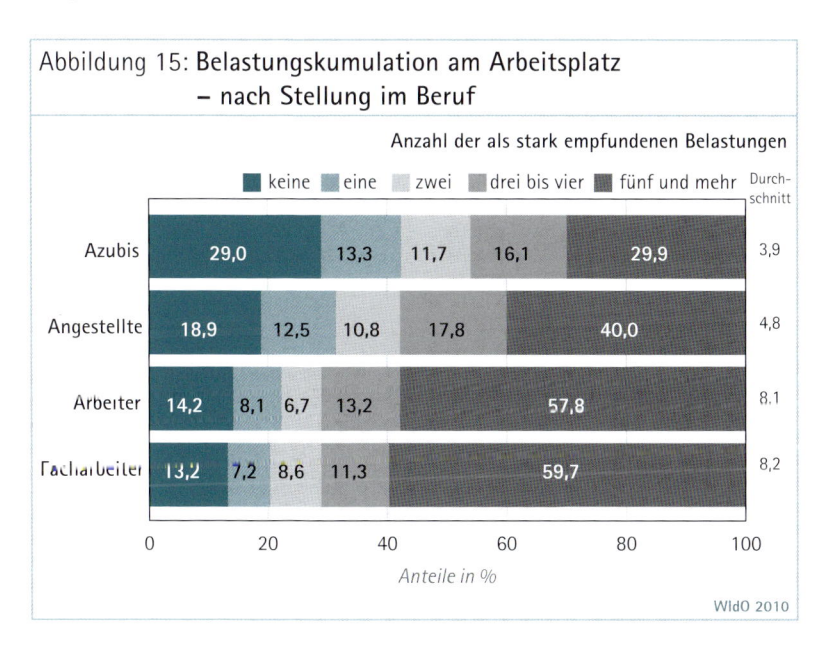

Abbildung 15: Belastungskumulation am Arbeitsplatz – nach Stellung im Beruf

Anzahl der als stark empfundenen Belastungen
■ keine ■ eine ■ zwei ■ drei bis vier ■ fünf und mehr   Durchschnitt

Stellung	keine	eine	zwei	drei bis vier	fünf und mehr	Durchschnitt
Azubis	29,0	13,3	11,7	16,1	29,9	3,9
Angestellte	18,9	12,5	10,8	17,8	40,0	4,8
Arbeiter	14,2	8,1	6,7	13,2	57,8	8,1
Facharbeiter	13,2	7,2	8,6	11,3	59,7	8,2

Anteile in %

WIdO 2010

Deutliche Unterschiede im Hinblick auf die Belastungssituation ergeben sich bei der Auswertung nach Branchen *(siehe Abbildung 16)*. So sind mehr als die Hälfte der befragten Beschäftigten aus der Branche Verkehr und Lagerei sowie dem Handel von fünf und mehr starken Belastungen gleichzeitig betroffen. Sie geben im Schnitt 7,9 bzw. 6,8 verschiedene Belastungen an.

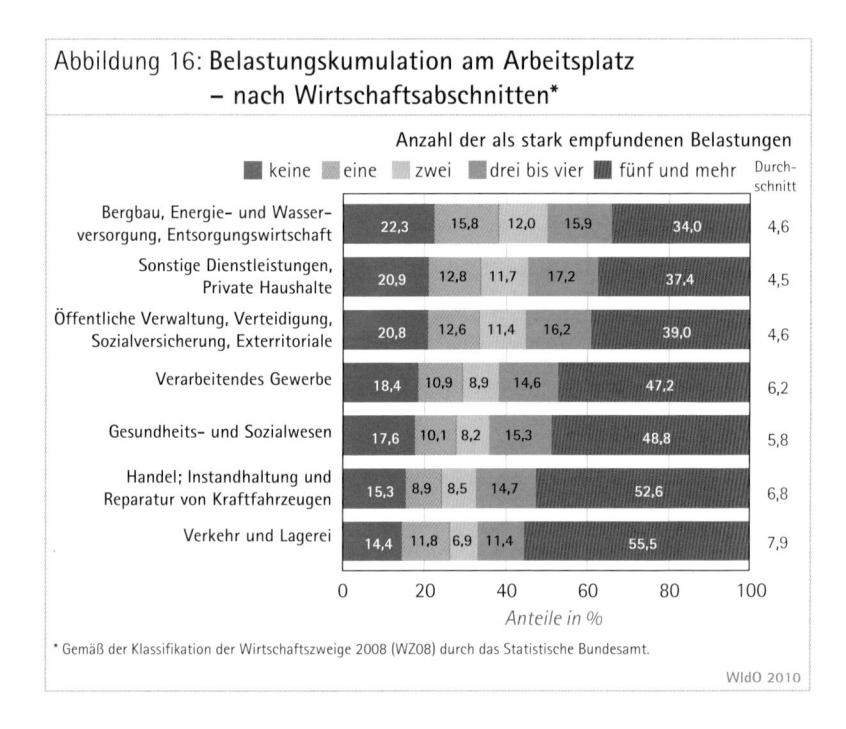

Abbildung 16: **Belastungskumulation am Arbeitsplatz – nach Wirtschaftsabschnitten***

Anzahl der als stark empfundenen Belastungen

Wirtschaftsabschnitt	keine	eine	zwei	drei bis vier	fünf und mehr	Durchschnitt
Bergbau, Energie- und Wasserversorgung, Entsorgungswirtschaft	22,3	15,8	12,0	15,9	34,0	4,6
Sonstige Dienstleistungen, Private Haushalte	20,9	12,8	11,7	17,2	37,4	4,5
Öffentliche Verwaltung, Verteidigung, Sozialversicherung, Exterritoriale	20,8	12,6	11,4	16,2	39,0	4,6
Verarbeitendes Gewerbe	18,4	10,9	8,9	14,6	47,2	6,2
Gesundheits- und Sozialwesen	17,6	10,1	8,2	15,3	48,8	5,8
Handel; Instandhaltung und Reparatur von Kraftfahrzeugen	15,3	8,9	8,5	14,7	52,6	6,8
Verkehr und Lagerei	14,4	11,8	6,9	11,4	55,5	7,9

Anteile in %

* Gemäß der Klassifikation der Wirtschaftszweige 2008 (WZ08) durch das Statistische Bundesamt.

WIdO 2010

Auch wenn es sich hier um eine rein quantitative Analyse der auftretenden Belastungsfaktoren handelt und die zugrunde liegenden Belastungsarten und -konstellationen sehr unterschiedlich sein können, wird doch deutlich, dass ein erheblicher Anteil der Beschäftigten von mehreren Belastungsfaktoren gleichzeitig betroffen ist.

Mehrfachbelastungen haben Auswirkungen auf die Gesundheit – die Befragungsdaten bestätigen einen deutlichen Zusammenhang zwischen der Anzahl der Belastungen und der subjektiven Gesundheit. *Abbildung 17* zeigt, dass der Anteil derer, die ihren Gesundheitsstatus als weniger gut oder schlecht einschätzen, mit zunehmender Zahl der Arbeitsbelastungen deutlich steigt. Sind es bei den Beschäftigten mit nur einer Arbeitsbelastung lediglich 5,1 %, liegt der Anteil bei den Befragten mit fünf und mehr Belastungen bei 14,3 %, also fast dreimal so hoch. Der Anteil derer, die ihren Gesundheitszustand als gut oder sehr gut bewerten, sinkt dagegen von 66,5 % auf 47,4 %.

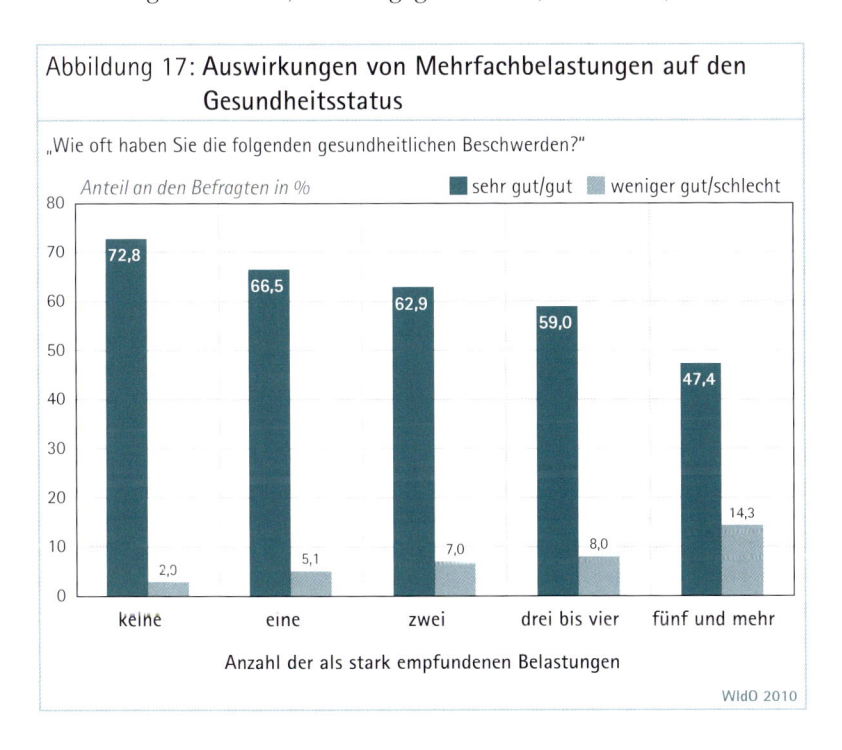

Abbildung 17: **Auswirkungen von Mehrfachbelastungen auf den Gesundheitsstatus**

5 Gesundheitliche Beschwerden

Im Fokus der Analyse zur gesundheitlichen Situation im Betrieb steht die Ermittlung von gesundheitlichen Problemen bei den Beschäftigten. Sie erfolgte im Rahmen einer gestuften Abfrage nach dem subjektiven Vorliegen einzelner Gesundheitsbeschwerden: auf einer Liste mit 23 Items[10] konnten die Mitarbeiter angeben, ob sie jeweils „immer", „häufig", „manchmal", „selten" oder „nie" von Beschwerden wie Rückenschmerzen, Nervosität, Magenschmerzen usw. betroffen sind.

Von den Beschäftigten, denen die Liste gesundheitlicher Beschwerden im Rahmen einer betrieblichen Mitarbeiterbefragung vorgelegt worden ist (n = 25.872), gaben insgesamt fast drei Viertel (71,7 %) an, immer bzw. häufig unter gesundheitlichen Problemen zu leiden *(siehe Tabelle 14)*. Im Durchschnitt wurden von den Befragten 3,4 gesundheitliche Beschwerden benannt.

Tabelle 14: **Häufigkeit gesundheitlicher Beschwerden**

	ins-gesamt	subjektive Gesundheitseinschätzung				
		sehr gut	gut	teils, teils	weniger gut	schlecht
Anzahl Befragter	25.872	1.889	11.209	7.445	1.861	292
Anteil mit gesundheitlichen Beschwerden in %	71,7	42,7	62,8	84,5	96,1	90,7
durchschnittliche Anzahl gesundheitlicher Beschwerden	3,4	1,9	2,4	4,1	6,6	8,3

WIdO 2010

---

[10] In der Kategorie „Sonstiges" hatten die Befragten die Möglichkeit Freitext einzutragen. Die Ergebnisse lagen aber im Rahmen der Vergleichsanalyse nicht vor.

Anhand der vorliegenden Mitarbeiterbefragungsdaten stellt sich ein deutlicher Zusammenhang zwischen der konkreten Angabe von einzelnen Gesundheitsproblemen und der Variable zur subjektiven Einschätzung des eigenen Gesundheitszustandes dar: Sowohl der prozentuale Anteil als auch die durchschnittliche Anzahl benannter gesundheitlicher Beschwerden steigt mit einem subjektiv abnehmenden Gesundheitsstatus. Die Beschäftigten, die in der Mitarbeiterbefragung ihre Gesundheit als „weniger gut" bzw. „schlecht" bezeichnet haben, geben dann auch in neun von zehn Fällen konkrete gesundheitliche Probleme an: Sie benennen im Schnitt 6,6 bzw. 8,3 einzelne Beschwerden. Bei den Mitarbeitern, die ihre Gesundheit dagegen als „sehr gut" eingestuft haben, geben lediglich rund zwei Fünftel (42,7 %) Beschwerden an; im Schnitt werden hier nur 1,9 Angaben gemacht.

Gesundheitliche Probleme nehmen erwartungsgemäß mit dem Alter zu. Eine Analyse der Beschäftigtenangaben nach Alter und Geschlecht bestätigt dies *(siehe Tabelle 15)*. Ferner zeigt sich, dass weibliche Beschäftigte – über alle Altersklassen hinweg – deutlich häufiger gesundheitliche Beschwerden nennen als ihre männlichen Kollegen.

Tabelle 15: **Häufigkeit gesundheitlicher Beschwerden – nach Alter und Geschlecht**

Frauen	insgesamt	Altersgruppen in Jahren				
		jünger als 20	20–29	30–39	40–49	50 und älter
Anzahl Befragter	8.754	465	1.615	2.287	2.335	1.279
Anteil mit gesundheitlichen Beschwerden in %	76,6	74,3	76,0	74,8	76,7	81,6
durchschnittliche Anzahl gesundheitlicher Beschwerden	3,3	2,9	3,3	3,2	3,5	3,7

...

Tabelle 15: *Fortsetzung*

Männer	insgesamt	Altersgruppen in Jahren				
		jünger als 20	20–29	30–39	40–49	50 und älter
Anzahl Befragter	9.563	415	1.541	2.586	2.644	1.604
Anteil mit gesundheitlichen Beschwerden in %	64,1	53,3	60,1	65,1	67,4	66,8
durchschnittliche Anzahl gesundheitlicher Beschwerden	2,4	1,6	2,3	2,5	2,5	2,6

WIdO 2010

Die Analyse der Angaben zu gesundheitlichen Beschwerden nach Wirtschaftsbranchen ergibt deutliche Unterschiede *(siehe Tabelle 16)*.

Tabelle 16: **Häufigkeit gesundheitlicher Beschwerden – nach Wirtschaftsabschnitten**

	Wirtschaftsabschnitte*						
	Verarbeitendes Gewerbe	Gesundheits- und Sozialwesen	Handel; Instandhaltung und Reparatur von Kraftfahrzeugen	Öff. Verwaltung, Verteidigung, Sozialvers., Exterrit. Organisat.	Sonstige Dienstleistungen, Private Haushalte	Verkehr und Lagerei	Bergbau, Energie- und Wasservers., Entsorgungswirtschaft
Anzahl Befragter	12.175	4.210	1.808	4.361	1.619	643	779
Anteil mit gesundheitlichen Beschwerden in %	69,0	76,5	73,6	72,3	81,3	68,5	60,2
durchschnittliche Anzahl gesundheitlicher Beschwerden	3,3	3,6	2,9	3,4	5,4	3,1	1,8

* Gemäß der Klassifikation der Wirtschaftszweige 2008 (WZ08) durch das Statistische Bundesamt.

WIdO 2010

Beschäftigte aus der Branche der „sonstigen Dienstleistungen" geben am häufigsten permanente gesundheitliche Beschwerden an (81,3 %); sie benennen im Durchschnitt 5,4 verschiedene gesundheitliche Probleme. An zweiter Stelle steht die Gesundheits- und Sozialbranche, hier sind drei Viertel der Befragten „immer" oder „häufig" von gesundheitlichen Beschwerden betroffen, im Schnitt werden 3,6 Angaben gemacht. Beschäftigte aus der Branche „Energie- und Wasserversorgung/Umwelt" nennen am wenigsten dauernde Beschwerden (60,2 %); sie machen im Schnitt 1,8 Angaben.

5.1 Prävalenzen einzelner gesundheitlicher Beschwerden

Danach befragt, unter welchen akuten gesundheitlichen Problemen sie leiden, nennen die Mitarbeiter am häufigsten muskuloskelettale Beschwerden *(siehe Abbildung 18)*.[11] An erster Stelle stehen Rückenschmerzen und Verspannungen – mehr als ein Drittel (36,1 % und 34,6 %) der befragten Beschäftigten leidet „immer" bzw. „häufig" darunter. Zu den Beschwerden des Stütz- und Bewegungsapparates gehören ferner „Gelenkschmerzen", die von einem Viertel (24,6 %) der Befragten angegeben werden.

An zweiter Stelle rangiert eine Reihe von psychovegetativen Beschwerden; am häufigsten werden hier Symptome wie Müdigkeit und Erschöpfung (28,8 %) genannt. In diesem Zusammenhang gehören auch die von fast einem Viertel der Befragten angegebenen ständigen bzw. häufigen Kopfschmerzen (23,5 %) und Schlafstörungen (22,7 %). Es werden ferner Stresssymptome wie Nervosität, Unruhe (21,9 %), Lustlosigkeit (20,4 %), Reizbarkeit (18,0 %) und Magenschmerzen (15,8 %) genannt. Mehr als jeder zehnte Befragte (13,8 %) gibt zu,

---

[11] Dies deckt sich mit den Ergebnissen der laufenden Fehlzeitenstatistik.

"immer" bzw. "häufig" unter Verstimmungen wie Mutlosigkeit, Traurigkeit und Bedrückung (Depressionen) zu leiden.

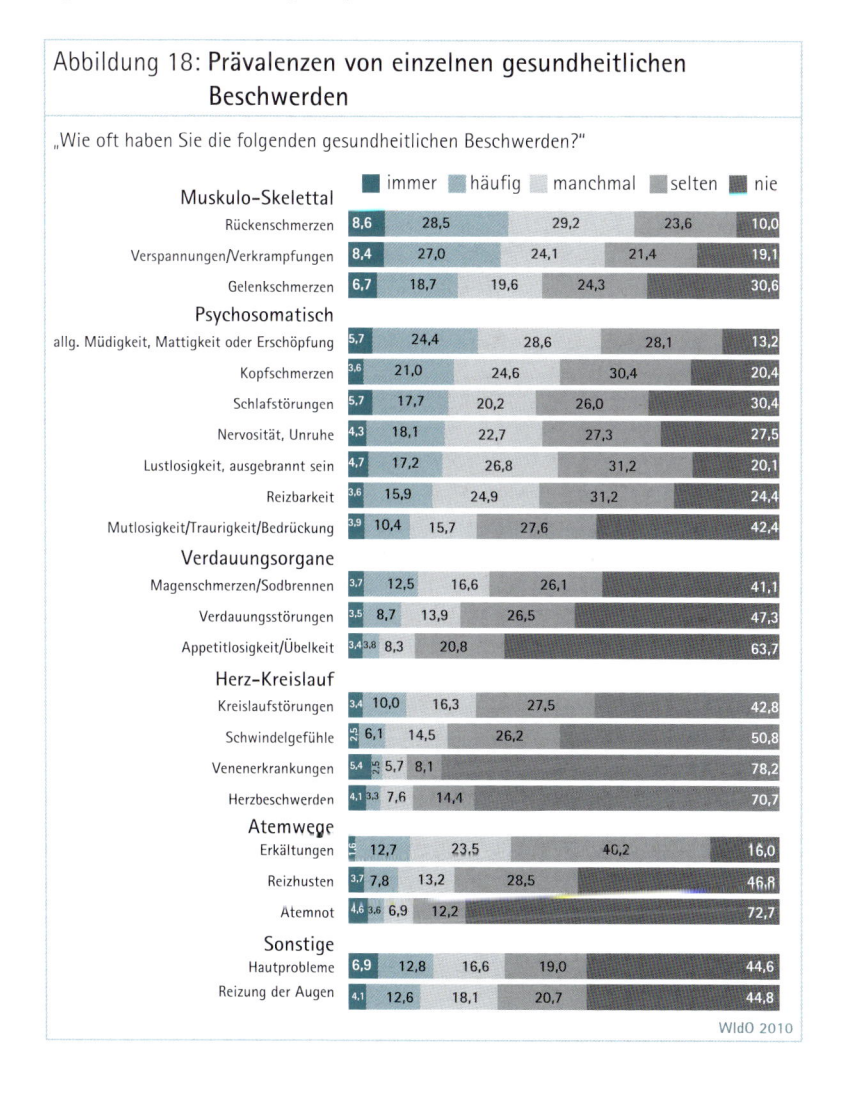

Abbildung 18: **Prävalenzen von einzelnen gesundheitlichen Beschwerden**

"Wie oft haben Sie die folgenden gesundheitlichen Beschwerden?"

Beschwerde	immer	häufig	manchmal	selten	nie
Muskulo-Skelettal					
Rückenschmerzen	8,6	28,5	29,2	23,6	10,0
Verspannungen/Verkrampfungen	8,4	27,0	24,1	21,4	19,1
Gelenkschmerzen	6,7	18,7	19,6	24,3	30,6
Psychosomatisch					
allg. Müdigkeit, Mattigkeit oder Erschöpfung	5,7	24,4	28,6	28,1	13,2
Kopfschmerzen	3,6	21,0	24,6	30,4	20,4
Schlafstörungen	5,7	17,7	20,2	26,0	30,4
Nervosität, Unruhe	4,3	18,1	22,7	27,3	27,5
Lustlosigkeit, ausgebrannt sein	4,7	17,2	26,8	31,2	20,1
Reizbarkeit	3,6	15,9	24,9	31,2	24,4
Mutlosigkeit/Traurigkeit/Bedrückung	3,9	10,4	15,7	27,6	42,4
Verdauungsorgane					
Magenschmerzen/Sodbrennen	3,7	12,5	16,6	26,1	41,1
Verdauungsstörungen	3,5	8,7	13,9	26,5	47,3
Appetitlosigkeit/Übelkeit	3,4	3,8	8,3	20,8	63,7
Herz-Kreislauf					
Kreislaufstörungen	3,4	10,0	16,3	27,5	42,8
Schwindelgefühle	2,5	6,1	14,5	26,2	50,8
Venenerkrankungen	5,4	2,5	5,7	8,1	78,2
Herzbeschwerden	4,1	3,3	7,6	14,4	70,7
Atemwege					
Erkältungen	4,6	12,7	23,5	40,2	16,0
Reizhusten	3,7	7,8	13,2	28,5	46,8
Atemnot	4,6	3,6	6,9	12,2	72,7
Sonstige					
Hautprobleme	6,9	12,8	16,6	19,0	44,6
Reizung der Augen	4,1	12,6	18,1	20,7	44,8

WIdO 2010

Des Weiteren werden Beschwerden des Herz-Kreislauf-Systems angegeben, wie Kreislaufstörungen (13,1 %), Schwindelgefühle (8,9 %) und Herzbeschwerden (8,0 %) sowie Erkrankungen der Atemwege und Haut- und Augenprobleme.

Mit zunehmendem Alter geben die Beschäftigten viele der einzelnen gesundheitlichen Beschwerden häufiger an (siehe Tabelle 17). Insbesondere muskuloskelettale Beschwerden und Herz-Kreislauf-Probleme werden mit dem Alter deutlich häufiger benannt. Bei den über 50-Jährigen leiden rund zwei Fünftel der Befragten „immer" bzw. „häufig" unter Rücken- oder Gelenkschmerzen bzw. Verspannungen. Auffällig ist, dass bereits in der Altersgruppe der unter 20-Jährigen fast ein Drittel der Befragten Rückenprobleme (30,5 %) und Verspannungen (30,1 %) angeben.

Bei den psychosomatischen Beschwerden nehmen vor allem Schlafstörungen und Nervosität bzw. Unruhe mit den Jahren stark zu. Die Angabe von Kopfschmerzen hingegen wird bei jüngeren Beschäftigten überdurchschnittlich häufig angegeben und nimmt mit dem Alter ab.

Beschwerden mit den Verdauungsorganen wie Magenschmerzen/Sodbrennen und Verdauungsstörungen werden von jüngeren Beschäftigten weniger benannt. Bei den Atemwegsproblemen nehmen Reizhusten und Atemnot mit dem Alter zu, während Erkältungen mit dem Alter tendenziell abnehmen. Ferner fällt eine mit dem Alter zunehmende Überbeanspruchung der Augen auf.

Tabelle 17: Prävalenzen von einzelnen gesundheitlichen Beschwerden – nach Altersgruppen

	insgesamt	jünger als 20	20–29	30–39	40–49	50 und älter
			Anzahl			
	28.223	1.508	4.662	6.788	7.068	4.135
Muskulo-Skelettal	Angabe „immer" oder „häufig" in %					
Rückenschmerzen	37,1	30,5	31,4	35,9	39,4	44,7
Verspannungen/Verkrampfungen	35,4	30,1	32,6	36,0	36,1	38,1
Gelenkschmerzen	25,4	15,1	18,1	21,4	29,2	38,3
Psychosomatisch						
allgemeine Müdigkeit, Mattigkeit oder Erschöpfung	30,1	30,4	29,9	30,4	30,0	29,2
Kopfschmerzen	24,6	27,3	26,4	24,9	23,7	22,3
Schlafstörungen	23,4	16,0	19,6	21,9	26,6	30,0
Nervosität, Unruhe	22,4	18,0	20,1	22,0	24,3	26,3
Lustlosigkeit, ausgebrannt sein	21,9	20,3	22,3	23,0	22,1	20,1
Reizbarkeit	19,5	18,8	19,5	19,9	20,6	17,9
Mutlosigkeit/Traurigkeit/Bedrückung	14,3	11,0	14,0	14,4	15,9	15,7
Verdauungsorgane						
Magenschmerzen/Sodbrennen	16,2	12,8	15,5	16,2	17,3	17,9
Verdauungsstörungen	12,2	9,9	12,6	12,6	12,9	12,8
Appetitlosigkeit/Übelkeit	7,2	7,5	8,7	6,8	7,8	7,1
Herz-Kreislauf						
Kreislaufstörungen	13,4	11,7	13,2	12,7	14,7	15,7
Schwindelgefühle	8,6	6,6	7,9	7,8	9,5	10,8
Venenerkrankungen	7,9	3,2	6,3	6,8	9,6	14,0
Herzbeschwerden	7,4	4,1	7,6	6,0	9,1	11,0

...

Tabelle 17: *Fortsetzung*

	ins-gesamt	\multicolumn{5}{c}{Altersgruppen in Jahren}
		jünger als 20	20–29	30–39	40–49	50 und älter
	\multicolumn{6}{c}{Anzahl}
	28.223	1.508	4.662	6.788	7.068	4.135
Atemwege	\multicolumn{6}{c}{Angabe „immer" oder „häufig" in %}
Erkältungen	14,3	16,4	15,2	14,9	14,4	12,7
Reizhusten	11,5	9,9	11,3	10,5	12,5	15,2
Atemnot	8,2	6,3	8,4	7,5	9,9	10,8
Sonstige						
Hautprobleme	19,7	17,7	21,2	20,0	20,2	19,6
Reizung der Augen	16,7	13,6	15,6	15,1	18,4	21,0

WIdO 2010

Frauen machen durchweg bei allen einzelnen Beschwerdearten häufiger Angaben als Männer *(siehe Abbildung 19)*.

Besonders große Differenzen im Antwortverhalten zeigen sich bei der Benennung von Verspannungen (42,1 %), Kopfschmerzen (28,9 %) und Kreislaufproblemen (13,9 %), aber bei der Angabe von Verdauungsstörungen (12,9 %) und Appetitlosigkeit (6,2 %). Hier sind die Prozentanteile der Frauen, die „immer" oder „häufig" angegeben haben, fast doppelt so hoch wie die entsprechenden Anteilswerte bei den Männern.

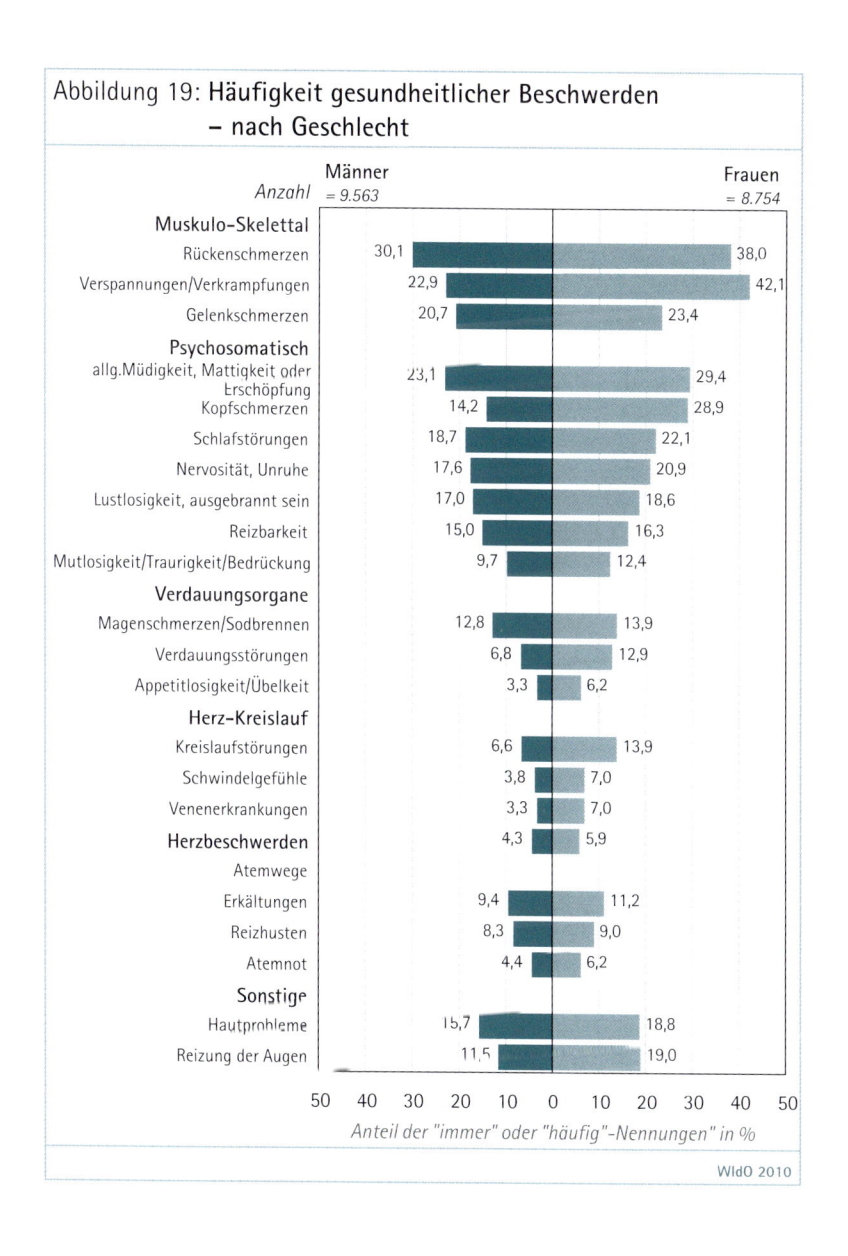

5 Gesundheitliche Beschwerden

Abbildung 19: Häufigkeit gesundheitlicher Beschwerden – nach Geschlecht

Beschwerden	Männer (Anzahl = 9.563)	Frauen (Anzahl = 8.754)
Muskulo-Skelettal		
Rückenschmerzen	30,1	38,0
Verspannungen/Verkrampfungen	22,9	42,1
Gelenkschmerzen	20,7	23,4
Psychosomatisch		
allg. Müdigkeit, Mattigkeit oder Erschöpfung	23,1	29,4
Kopfschmerzen	14,2	28,9
Schlafstörungen	18,7	22,1
Nervosität, Unruhe	17,6	20,9
Lustlosigkeit, ausgebrannt sein	17,0	18,6
Reizbarkeit	15,0	16,3
Mutlosigkeit/Traurigkeit/Bedrückung	9,7	12,4
Verdauungsorgane		
Magenschmerzen/Sodbrennen	12,8	13,9
Verdauungsstörungen	6,8	12,9
Appetitlosigkeit/Übelkeit	3,3	6,2
Herz-Kreislauf		
Kreislaufstörungen	6,6	13,9
Schwindelgefühle	3,8	7,0
Venenerkrankungen	3,3	7,0
Herzbeschwerden	4,3	5,9
Atemwege		
Erkältungen	9,4	11,2
Reizhusten	8,3	9,0
Atemnot	4,4	6,2
Sonstige		
Hautprobleme	15,7	18,8
Reizung der Augen	11,5	19,0

Anteil der "immer" oder "häufig"-Nennungen in %

WIdO 2010

Bei der Auswertung nach Wirtschaftszweigen zeigen sich deutliche Unterschiede in der Verteilung der Anteilswerte, während sich die Reihenfolge der gesundheitlichen Beschwerden kaum verändert *(siehe Tabelle 18)*: In allen Branchen stehen muskuloskettale Beschwerden an der Spitze, gefolgt von psychosomatischen Symptomen.

Tabelle 18: **Prävalenzen von einzelnen gesundheitlichen Beschwerden – nach Wirtschaftsabschnitten**

	Wirtschaftsabschnitte*						
	Verarbeitendes Gewerbe	Gesundheits- und Sozialwesen	Handel; Instandhaltung und Reparatur von Kraftfahrzeugen	Öff. Verwaltung, Verteidigung, Sozialvers., Exterrit. Organisat.	Sonstige Dienstleistungen, Private Haushalte	Verkehr und Lagerei	Bergbau, Energie- und Wasservers., Entsorgungswirtschaft
Anzahl Befragter	12.175	4.210	1.808	4.361	1.619	643	779
Gesundheitliche Beschwerden	Angabe „immer" oder „häufig" in %						
Rückenschmerzen	34,1	45,0	36,2	35,8	52,8	38,0	27,3
Verspannungen/Verkrampfungen	30,5	41,4	31,9	38,4	52,6	26,9	26,3
allgemeine Müdigkeit, Mattigkeit oder Erschöpfung	28,2	36,0	27,8	27,2	46,8	26,9	17,7
Gelenkschmerzen	25,6	28,8	27,9	22,7	34,4	29,8	16,2
Schlafstörungen	23,9	25,7	19,6	21,3	33,3	26,3	12,3
Lustlosigkeit, ausgebrannt sein	22,3	22,7	20,1	15,7	40,1	15,3	13,5
Nervosität, Unruhe	22,1	23,8	20,2	21,1	34,9	21,5	12,3
Kopfschmerzen	21,4	28,9	19,5	25,7	42,7	21,9	18,2
Hautprobleme	20,2	21,9	18,0	18,7	22,9	17,5	12,2
Reizbarkeit	19,8	21,0	16,9	16,5	34,1	18,2	9,6
Magenschmerzen/Sodbrennen	16,1	17,4	12,1	17,0	23,5	13,6	7,1
Reizung der Augen	16,1	12,5	12,8	21,3	21,4	19,0	12,2
Mutlosigkeit/Traurigkeit/Bedrückung	14,1	16,7	10,7	14,0	24,3	8,0	6,0
Kreislaufstörungen	13,8	12,8	7,8	14,5	23,7	5,8	4,8

...

Tabelle 18: *Fortsetzung*

	Wirtschaftsabschnitte*						
	Verarbeitendes Gewerbe	Gesundheits- und Sozialwesen	Handel Instandhaltung und Reparatur von Kraftfahrzeugen	Öff. Verwaltung, Verteidigung, Sozialvers., Exterrit. Organisat.	Sonstige Dienstleistungen, Private Haushalte	Verkehr und Lagerei	Bergbau, Energie- und Wasservers., Entsorgungswirtschaft
Anzahl Befragter	12.175	4.210	1.808	4.361	1.619	643	779
Gesundheitliche Beschwerden	Angabe „immer" oder „häufig" in %						
Erkältungen	13,1	14,3	10,4	14,4	32,1	15,7	5,0
Reizhusten	12,0	7,6	8,0	13,3	18,5	15,8	3,7
Venenerkrankungen	11,8	6,6	5,9	4,5	3,8	5,3	2,3
Verdauungsstörungen	11,7	12,8	6,6	15,3	17,5	13,1	4,2
Schwindelgefühle	11,3	7,1	7,7	5,3	5,5	4,0	12,8
Atemnot	9,5	4,0	5,2	10,5	11,7	10,7	2,0
Herzbeschwerden	9,2	5,4	3,7	10,4	2,3	7,3	0,9
Appetitlosigkeit/Übelkeit	8,0	5,4	6,5	9,7	9,9	8,7	5,7

* Gemäß der Klassifikation der Wirtschaftszweige 2008 (WZ08) durch das Statistische Bundesamt.

WIdO 2010

Auffällig ist das Ausmaß, in dem Beschäftigte subjektiv Zusammenhänge zwischen ihren Beschwerden und dem Arbeitsplatz sehen. Insbesondere bei muskuloskelettalen Beschwerden wie Verspannungen und Rückenschmerzen sowie bei Stresssymptomen und Befindlichkeitsstörungen wie Reizbarkeit, Nervosität und Unruhe spielen aus Sicht der Befragten arbeitsbedingte Einflüsse eine Rolle. Die Mehrheit der von diesen Negativindikatoren der Gesundheit Betroffenen sieht hier Zusammenhänge mit dem Arbeitsplatz. Aus *Abbildung 20* ist ersichtlich, dass die zehn häufigsten gesundheitlichen Probleme von mindestens jedem zweiten Befragten in Zusammenhang mit dem Arbeitsplatz gebracht werden.

5 Gesundheitliche Beschwerden

Abbildung 20: Gesundheitliche Beschwerden, die auf die Tätigkeit oder den Arbeitsplatz zurückgeführt werden

„Haben Sie den Eindruck, dass diese Beschwerden mit Ihrer Tätigkeit oder Ihrem Arbeitsplatz zusammenhängen?"

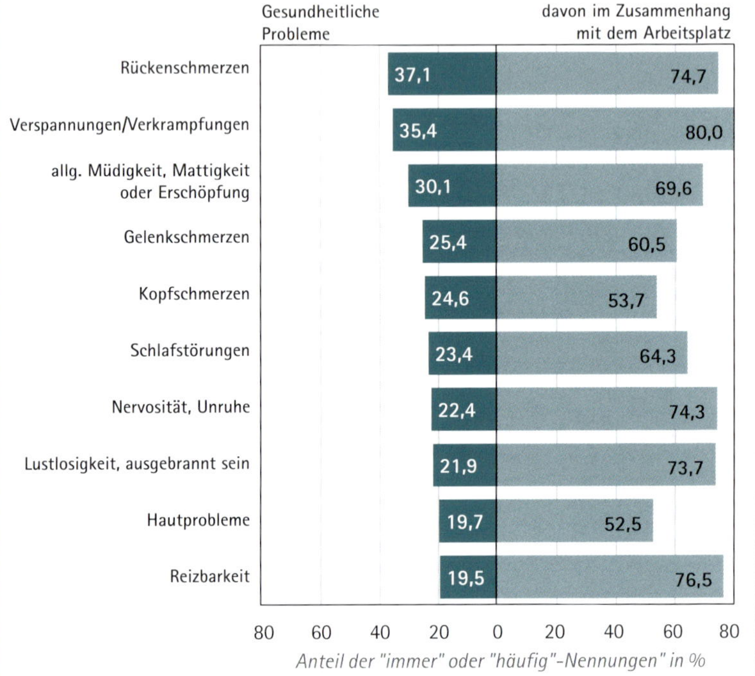

	Gesundheitliche Probleme	davon im Zusammenhang mit dem Arbeitsplatz
Rückenschmerzen	37,1	74,7
Verspannungen/Verkrampfungen	35,4	80,0
allg. Müdigkeit, Mattigkeit oder Erschöpfung	30,1	69,6
Gelenkschmerzen	25,4	60,5
Kopfschmerzen	24,6	53,7
Schlafstörungen	23,4	64,3
Nervosität, Unruhe	22,4	74,3
Lustlosigkeit, ausgebrannt sein	21,9	73,7
Hautprobleme	19,7	52,5
Reizbarkeit	19,5	76,5

Anteil der "immer" oder "häufig"-Nennungen" in %

WIdO 2010

Mitarbeiter, deren Arbeit nach eigenen Angaben durch körperlich schwere Tätigkeiten, zu große Arbeitsmengen, aber auch durch psychische Stressoren wie Leistungsdruck oder Angst vor Arbeitslosigkeit gekennzeichnet ist, geben stets überdurchschnittlich häufig arbeitsbedingte Beschwerden an *(siehe Tabelle 19)*.

Tabelle 19: Prävalenzen von arbeitsbedingten gesundheitlichen Beschwerden bei ausgewählten Belastungsmerkmalen

Angabe arbeitsbedingter gesundheitlicher Beschwerden	Beschäftigte insgesamt	Befragte mit starker Belastung durch ... (Angaben in %)			
		Termin- und Leistungs-druck	Angst vor Arbeits-losigkeit	körperlich schwere Arbeit	zu große Arbeits-mengen
Rückenschmerzen	37,1	47,2	42,6	58,4	44,8
Verspannungen/ Verkrampfungen	35,4	46,6	39,7	49,6	44,7
allgemeine Müdigkeit, Mattigkeit oder Erschöpfung	30,1	46,9	38,3	48,0	45,2
Gelenkschmerzen	25,4	33,7	30,4	44,6	33,5
Kopfschmerzen	24,6	31,0	28,9	34,0	28,8
Schlafstörungen	23,4	34,6	31,0	36,2	33,9
Nervosität, Unruhe	22,4	36,5	29,2	33,1	34,5
Lustlosigkeit, ausgebrannt sein	21,9	38,0	30,1	37,9	37,5
Hautprobleme	19,7	26,5	23,4	29,7	26,5
Reizbarkeit	19,5	33,5	26,2	33,3	32,1

WIdO 2010

Kommen mehrere Belastungsfaktoren zusammen, steigt das Risiko für Erkrankungen. *Abbildung 21* zeigt dies am Beispiel von Rückenbeschwerden, da sie am weitesten verbreitet sind und am häufigsten zu Arbeitsunfähigkeit führen.

Mit zunehmender Anzahl der Belastungen treten Rückenbeschwerden vermehrt auf. Von den Befragten, die sich von keiner der oben genannten Faktoren stark belastet fühlen, leiden 21,8 % unter häufigen Rückenschmerzen. Der Anteil häufiger Rückenschmerzen wächst kontinuierlich mit steigender Belastungskumulation. Bei den Befragten, die sich von fünf und mehr Arbeitsbelastungen stark beansprucht fühlen, ist er mehr als doppelt so hoch (47,0 %) als bei den Befragten ohne starke Arbeitsbelastungen.

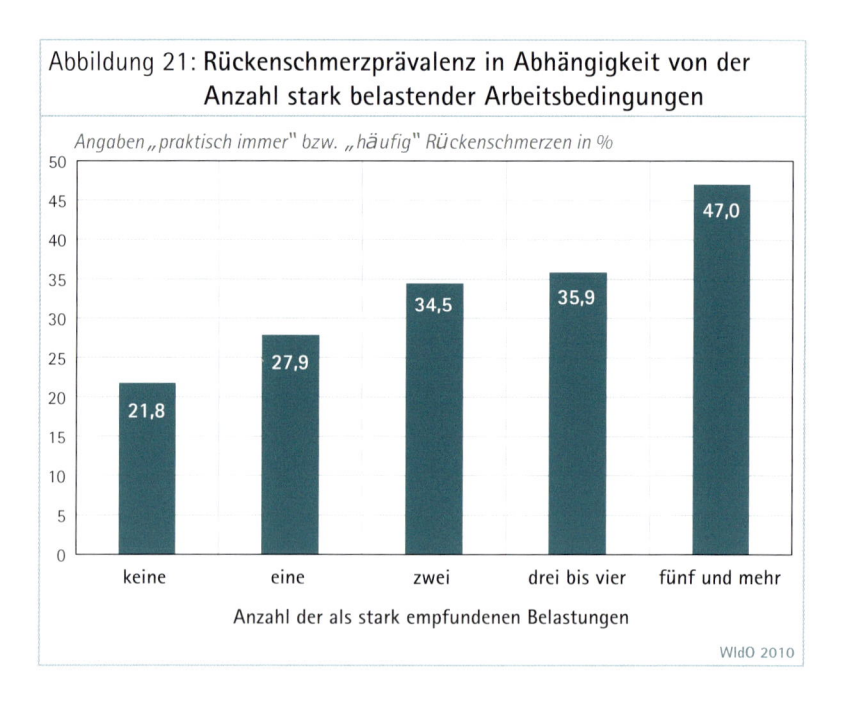

Abbildung 21: Rückenschmerzprävalenz in Abhängigkeit von der Anzahl stark belastender Arbeitsbedingungen

Angaben „praktisch immer" bzw. „häufig" Rückenschmerzen in %

Anzahl der als stark empfundenen Belastungen	%
keine	21,8
eine	27,9
zwei	34,5
drei bis vier	35,9
fünf und mehr	47,0

WIdO 2010

6 Mitarbeiter-Vorschläge zur Verbesserung der Arbeitsplatzgesundheit

Die Mehrheit der Beschäftigten, die im Rahmen einer betrieblichen Mitarbeiterbefragung gesundheitliche Beschwerden angegeben haben, ist der Auffassung, dass Veränderungen der Arbeitsbedingungen ihre Beschwerden verringern könnten. Ein Viertel (24,0 %) der Befragungsteilnehmer benennt einen direkten Zusammenhang zwischen den eigenen Beschwerden und den Arbeitsbedingungen, jeder Zweite (50,2 %) führt die Beschwerden zum Teil auf den Arbeitsplatz zurück.

Auf die Frage „Was schlagen Sie zur Verbesserung Ihrer gesundheitlichen Situation am Arbeitsplatz vor?" *(siehe Abbildung 22)* machen die Befragten zunächst häufig Angaben, die die Führung und das Betriebsklima betreffen *(siehe auch Vetter/Redmann 2005, 78)*. Mehr als ein Drittel der Angaben entfällt auf Verbesserungsvorschläge wie „mehr Einsatz der Vorgesetzten für die Mitarbeiter" (35,5 %) und „klärende Gespräche mit dem Vorgesetzten" (18,8 %).

Des Weiteren stehen unmittelbare gesundheitsbezogene Maßnahmen im Vordergrund des Interesses. Zur Verbesserung ihrer gesundheitlichen Situation wünschen sich die befragten Beschäftigten „Informationen über gesundes Verhalten am Arbeitsplatz" (28,0 %) und „Gesundheitskurse für Mitarbeiter" (27,7 %) sowie „mehr Hygiene" (18,5 %) und „besseren Nichtraucherschutz" (10,6 %).

Dass die eigene Gesundheit im Zusammenhang mit den vorliegenden betrieblichen Arbeitsbedingungen gesehen wird, äußert sich auch darin, dass viele Mitarbeiter eine andere Arbeitsorganisation (22,2 %) oder andere Arbeitsplatzgestaltung (18,6 %), technische Unterstützung (20,0 %) sowie eine andere Arbeitszeitgestaltung (12,9 %) vorschlagen.

Abbildung 22: Vorschläge zur Verbesserung der gesundheitlichen Situation am Arbeitsplatz

„Was schlagen Sie zur Verbesserung Ihrer gesundheitlichen Situation am Arbeitsplatz vor?" *

Vorschlag	Anteil in %
mehr Einsatz der Vorgesetzten für die Mitarbeiter	35,5
Maßnahmen zur Verbesserung des Betriebsklimas	34,4
Informationen über gesundes Verhalten	28,0
Gesundheitskurse für Mitarbeiter	27,7
andere Arbeitsorganisationen	22,2
technische Verbesserungen/Hilfen	20,0
klärende Gespräche mit den Vorgesetzten	18,8
andere Arbeitsplatzgestaltung	18,6
mehr Hygiene in den sanitären Anlagen	18,5
mehr Informationen über den Arbeitsablauf	13,5
andere Arbeitszeitgestaltung	12,9
besseren Nichtraucherschutz	10,6
Sonstiges	8,2
andere Pausenregelung	7,4
andere Arbeitsmaterialien	6,5

* Mehrfachnennungen

WIdO 2010

Eine Auswertung der Verbesserungsvorschläge nach Wirtschaftszweigen *(siehe Tabelle 20)* dokumentiert unterschiedliche Schwerpunkte im Antwortverhalten. Bei Mitarbeitern des verarbeitenden Gewerbes, der Verkehrs- und Transportbranche sowie im Dienstleistungssektor steht das Thema Führung an erster Stelle. In allen drei Branchen fordern die Beschäftigten ferner überdurchschnittlich häufig eine „Verbesserung des Betriebsklimas". Überhaupt zeigt die Branchenauswertung, dass das Betriebsklima bei vielen befragten Mitarbeitern einen hohen Stellenwert innehat. Im Handel wurden an erster Stelle „technische Verbesserungen und Hilfen" vorgeschlagen (40,4 %). Bei Mitarbeitern aus Verwaltung und der Sozialversicherung stehen Gesundheitskurse (35,4 %) und Gesundheitsinformationen (29,4 %) an erster Stelle.

Ein ausreichender Nichtraucherschutz scheint – trotz bereits geltender rechtlicher Regelungen (gesetzliche Rauchverbote, Nichtraucherschutzgesetze, Arbeitsstättenverordnung) – im Befragungszeitraum nicht gewährleistet zu sein: Vor allem Mitarbeiter aus dem verarbeitenden Gewerbe (13,3 %) und der Verkehrs- und Transportbranche (13,1 %) verleihen dieser Forderung überdurchschnittlich häufig Ausdruck.

Tabelle 20: **Vorschläge zur Verbesserung der gesundheitlichen Situation am Arbeitsplatz – nach Wirtschaftsabschnitten**

„Was schlagen Sie zur Verbesserung Ihrer gesundheitlichen Situation am Arbeitsplatz vor?" **	Wirtschaftsabschnitte*						
	Verarbeitendes Gewerbe	Gesundheits- und Sozialwesen	Handel; Instandhaltung und Reparatur von Kraftfahrzeugen	Öff. Verwaltung, Verteidigung, Sozialvers., Exterrit. Organisat.	Sonstige Dienstleistungen, Private Haushalte	Verkehr und Lagerei	Bergbau, Energie- und Wasservers., Entsorgungswirtschaft
Anzahl Befragter	12.175	4.210	1.808	4.361	1.619	643	779
mehr Einsatz der Vorgesetzten für die Mitarbeiter	37,8	37,8	31,9	29,3	35,0	41,5	30,2
Maßnahmen zur Verbesserung des Betriebsklimas	37,3	35,3	37,0	23,2	37,6	45,9	33,4

...

6 Mitarbeiter-Vorschläge zur Verbesserung der Arbeitsplatzgesundheit

Tabelle 21: *Fortsetzung*

„Was schlagen Sie zur Verbesserung Ihrer gesundheitlichen Situation am Arbeitsplatz vor?" **	Wirtschaftsabschnitte*						
	Verarbeitendes Gewerbe	Gesundheits- und Sozialwesen	Handel; Instandhaltung und Reparatur von Kraftfahrzeugen	Öff. Verwaltung, Verteidigung, Sozialvers., Exterrit. Organisat.	Sonstige Dienstleistungen, Private Haushalte	Verkehr und Lagerei	Bergbau, Energie- und Wasservers., Entsorgungswirtschaft
Anzahl Befragter	*12.175*	*4.210*	*1.808*	*4.361*	*1.619*	*643*	*779*
Informationen über gesundes Verhalten	27,9	33,2	26,8	29,0	27,6	20,9	21,5
Gesundheitskurse für Mitarbeiter	24,9	30,4	23,9	35,1	30,9	27,6	29,2
mehr Hygiene in den sanitären Anlagen	23,3	7,6	18,1	17,4	7,8	32,5	13,1
andere Arbeitsplatzgestaltung	21,7	14,2	15,2	19,8	13,3	13,6	21,7
andere Arbeitsorganisationen	21,7	27,8	17,5	18,8	23,1	21,1	19,4
klärende Gespräche mit den Vorgesetzten	20,4	20,9	18,2	12,6	19,9	22,8	15,3
technische Verbesserungen/Hilfen	17,9	21,3	30,3	18,9	21,9	16,4	13,0
mehr Informationen über den Arbeitsablauf	16,2	9,9	16,7	6,3	13,9	14,5	9,8
andere Arbeitszeitgestaltung	14,1	17,6	3,8	7,3	6,7	26,1	11,6
besseren Nichtraucherschutz	12,4	7,8	5,9	9,7	5,5	15,2	9,5
Verbesserungen sind nicht nötig	7,1	5,8	7,3	8,4	8,3	8,6	9,3
andere Arbeitsmaterialien	7,0	8,0	5,4	4,5	4,3	9,8	5,6
Sonstiges	6,6	10,5	9,9	8,6	10,7	5,7	5,6
andere Pausenregelung	6,3	11,8	5,8	6,4	2,5	17,3	4,4

* Gemäß der Klassifikation der Wirtschaftszweige 2008 (WZ08) durch das Statistische Bundesamt.
** Mehrfachnennungen

WIdO 2010

6.1 Wahrnehmung von Maßnahmen der betrieblichen Gesundheitsförderung

Die Fragen nach einem potenziellen Interesse an Maßnahmen zur betrieblichen Gesundheitsförderung bezogen sich in den einzelnen BGM-Projekten zunächst darauf, ob die befragten Mitarbeiter bereit sind, selbst mehr für ihre Gesundheit zu tun. Mit diesem „Aktions-Item", bei dem erwartungsgemäß die Mehrheit der Befragten (85,6 %) zustimmend mit „ja" geantwortet haben (lediglich 14,4 % äußerten sich ablehnend), lassen sich anschließend notwendige Gesundheitsförderungsmaßnahmen kommunikativ einleiten. Auswertungen nach Alter und Geschlecht ergeben hier kaum Unterschiede.

Im Rahmen der jeweils durchgeführten Mitarbeiterbefragungen zum Thema „Gesundheit am Arbeitsplatz" wurde den Teilnehmern natürlich auch die Frage vorgelegt, wie sie denn in ihrem Unternehmen die betriebliche Gesundheitsförderung zum aktuellen Zeitpunkt, also vor Beginn der geplanten Interventionen zur Verbesserung der Arbeitsplatzgesundheit[12], einschätzen *(siehe Abbildung 23)*. Hier fallen die Aussagen der Beschäftigten erwartungsgemäß mehrheitlich kritisch aus und dokumentieren damit den Handlungsbedarf für Gesundheitsförderungsmaßnahmen im Anschluss an die Erhebung. Nur ein Viertel der Befragten (24,4 %) beurteilt die vorhandenen Maßnahmen im eigenen Unternehmen als „eher gut". Jeder Zweite (49,2 %) wertet mit „eher schlecht" und 26,5 % kennen überhaupt keine Gesundheitsförderung in ihrem Betrieb. Bei Befragungsteilnehmern aus der öffentlichen Verwaltung und Sozialversicherung ist der Anteil der positiven Bewertungen am höchsten, bei Mitarbeitern aus beteiligten Unter-

---

[12] Zu Konzeption und Durchführung von Mitarbeiterbefragungen *siehe Kapitel 3.*

nehmen der Branchen Verkehr und Lagerei sowie sonstigen Dienstleistungen am niedrigsten.

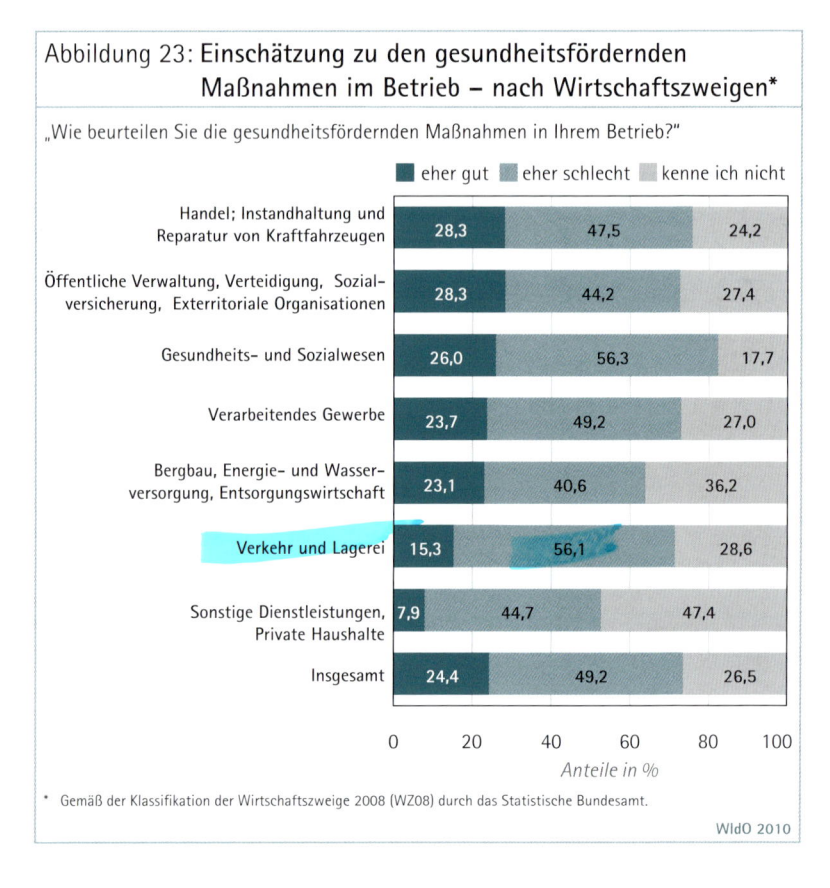

Abbildung 23: Einschätzung zu den gesundheitsfördernden Maßnahmen im Betrieb – nach Wirtschaftszweigen*

„Wie beurteilen Sie die gesundheitsfördernden Maßnahmen in Ihrem Betrieb?"

■ eher gut ■ eher schlecht ■ kenne ich nicht

Branche	eher gut	eher schlecht	kenne ich nicht
Handel; Instandhaltung und Reparatur von Kraftfahrzeugen	28,3	47,5	24,2
Öffentliche Verwaltung, Verteidigung, Sozialversicherung, Exterritoriale Organisationen	28,3	44,2	27,4
Gesundheits- und Sozialwesen	26,0	56,3	17,7
Verarbeitendes Gewerbe	23,7	49,2	27,0
Bergbau, Energie- und Wasserversorgung, Entsorgungswirtschaft	23,1	40,6	36,2
Verkehr und Lagerei	15,3	56,1	28,6
Sonstige Dienstleistungen, Private Haushalte	7,9	44,7	47,4
Insgesamt	24,4	49,2	26,5

Anteile in %

* Gemäß der Klassifikation der Wirtschaftszweige 2008 (WZ08) durch das Statistische Bundesamt.

WIdO 2010

Die Frage nach messbaren Kosten-Nutzen-Effekten von betrieblichem Gesundheitsmanagement wird häufig kontrovers diskutiert. Ein Vergleich der Aussagen zwischen den Mitarbeitern, die Gesundheitsförderungsmaßnahmen in ihrem Betrieb als positiv wahrnehmen (2.224 Befragte) und denjenigen, die betriebliche Gesundheitsförderung als "eher schlecht" beurteilen (4.491 Befragte), zeigt im Hinblick auf das subjektive Vorkommen gesundheitlicher Probleme deutliche Effekte im Antwortverhalten *(siehe Tabelle 21)*.

So geben 59,7 % der Befragten, die gesundheitsfördernde Maßnahmen in ihrem Betrieb als positiv wahrnehmen, gesundheitliche Probleme an und benennen im Schnitt 1,9 Beschwerden. Bei Mitarbeitern, die betriebliche Gesundheitsförderung in ihrem Betrieb mit „eher schlecht" bewerten, liegen Anteil und Häufigkeit der gesundheitlichen Beschwerden deutlich höher. Dies gilt auch für die Angabe von subjektiv schlechter Gesundheit und Arbeitsunfähigkeit: Das Antwortverhalten der beiden Teilgruppen weist deutliche Unterschiede auf.

Tabelle 21: Gesundheitliche Probleme bei Mitarbeitern, die Erfahrung mit betrieblicher Gesundheitsförderung haben

	Befragte, die die betriebliche Gesundheitsförderung im eigenen Betrieb mit ... beurteilen	
	"...eher gut ..."	"... eher schlecht ..."
Anzahl Befragter	2.224	4.491
Anteil mit gesundheitlichen Beschwerden in %	59,7	74,5
durchschnittliche Anzahl gesundheitlicher Beschwerden	1,9	3,1
subjektiv schlechte Gesundheit in %	5,4	11,4
Anteil mit mehr als 3 Wochen AU* im Jahr zuvor in %	8,2	22,9

*AU = Arbeitsunfähigkeit

WIdO 2010

Die Wahrnehmung vorhandener betrieblicher Gesundheitsförderungsmaßnahmen unterscheidet sich auch bei der Angabe von subjektiv erlebten starken Belastungen bei der Arbeitssituation, bei Bewegungsabläufen etc.[13] *(siehe Abbildung 24).* Bei Befragten, die betriebliche Gesundheitsförderung im eigenen Unternehmen als „eher schlecht" bewertet haben, ist der Anteil derer, die sich durch einzelne Faktoren stark belastet fühlen, deutlich höher als in der Vergleichsgruppe. Dass Befragte, die betriebliche Gesundheitsförderung als „eher gut" beurteilen, in der Regel ebenfalls – wenn auch in geringerem Maße – Beanspruchungen durch Belastungen benennen, verwundert nicht – wird doch eine Mitarbeiterbefragung nicht ohne Grund durchgeführt.

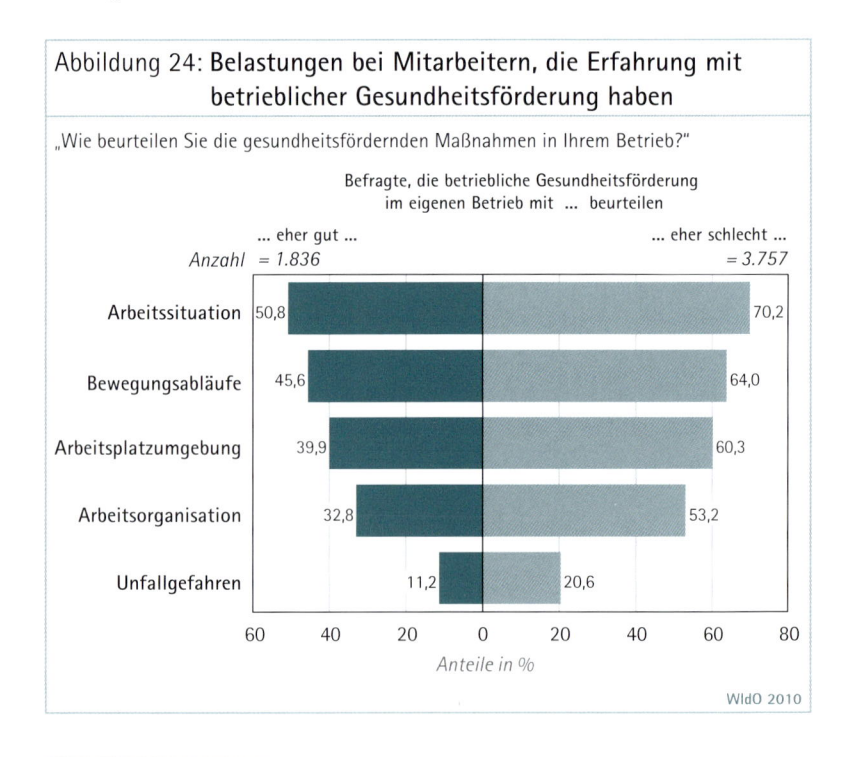

Abbildung 24: Belastungen bei Mitarbeitern, die Erfahrung mit betrieblicher Gesundheitsförderung haben

„Wie beurteilen Sie die gesundheitsfördernden Maßnahmen in Ihrem Betrieb?"

Befragte, die betriebliche Gesundheitsförderung im eigenen Betrieb mit ... beurteilen

	... eher gut ... Anzahl = 1.836	... eher schlecht ... = 3.757
Arbeitssituation	50,8	70,2
Bewegungsabläufe	45,6	64,0
Arbeitsplatzumgebung	39,9	60,3
Arbeitsorganisation	32,8	53,2
Unfallgefahren	11,2	20,6

Anteile in %

WIdO 2010

---

[13] Zur Definition der einzelnen Faktoren *siehe Kapitel 4.4.*

Unter den Gesundheitsangeboten favorisieren die befragten Arbeitnehmer – über alle Altersgruppen hinweg – arbeitsplatzbezogene Rückenschulungen (47,3 % der Nennungen) und Angebote zur Stressbewältigung bzw. Entspannung (43,3 % der Nennungen) *(siehe Tabelle 22)*. Frauen machen hier durchweg häufiger Angaben als Männer. Kantinenangebote mit gesunder Ernährung stehen an fünfter Stelle des Rankings, sie werden von jüngeren Mitarbeitern deutlich häufiger angegeben als von älteren. Anschließend folgen Angebote zur Gymnastik und Bewegung am Arbeitsplatz; sie werden häufiger von Frauen und älteren Beschäftigten benannt.

Tabelle 22: Interesse an Gesundheitsangeboten – nach Altersgruppen

		Altersgruppen in Jahren				
	insgesamt	jünger als 20	20–29	30–39	40–49	50 und älter
„Welche der folgenden Gesundheitsangebote wären für Sie von Interesse?" *	Anzahl					
	28.223	1.508	4.662	6.788	7.068	4.135
	Anteil der Nennungen in %					
arbeitsplatzbezogene Rückenschule	47,3	45,2	49,6	49,5	47,5	44,2
Stressbewältigung mit Entspannung	43,3	40,7	43,8	45,7	43,1	38,5
Entspannungskurse	32,8	31,1	34,1	34,7	32,9	29,2
Rückenberatung am Arbeitsplatz	31,3	36,4	35,1	32,3	31,7	27,3
gesunde Kantinenangebote	25,3	29,9	31,6	27,9	23,7	19,5
tägl. Gymnastik am Arbeitsplatz	22,9	20,9	21,4	23,1	24,2	24,0
Programme zur Gewichtsabnahme	21,7	24,0	21,8	21,8	21,9	21,2
Angebote zu Kommunikation und Führung	14,5	14,2	17,5	17,7	13,4	10,0
Nichtraucher-Training	10,0	12,2	12,2	10,3	9,4	7,9
Arbeitsgruppe zum Gesundheitsschutz	9,6	7,1	8,8	9,6	10,6	11,8
Angebote zur Suchtberatung	2,6	4,2	3,2	2,3	2,4	2,1

* Mehrfachnennungen

WIdO 2010

Programme zur Gewichtsregulierung werden häufiger von Frauen, Maßnahmen zum Thema Kommunikation und Führung häufiger von Männern benannt. Die Auskünfte der Mitarbeiter über ihren Bedarf an betrieblichen Angeboten zur Suchtprävention (Nichtraucher-Training 10,0 %, Suchtberatung 2,6 %) fallen – erwartungsgemäß – vergleichsweise niedrig aus. Das Interesse an betrieblichen Arbeitsgruppen zum Gesundheitsschutz ist ebenfalls gering (9,6 %), was daran liegen mag, dass nicht jeder Mitarbeiter damit eine konkrete Vorstellung verbindet.

Bei der Auswertung der Ergebnisse nach Wirtschaftszweigen stehen die Bedarfsangaben für Maßnahmen zur Rückenprävention und für Entspannungstrainings bei allen Branchen an oberster bzw. zweitoberster Stelle *(siehe Tabelle 23)*. Differenzen ergeben sich auf den nachrangigen Plätzen – so votieren beispielsweise Mitarbeiter aus der Verwaltung und Sozialversicherung am häufigsten für „tägliche Gymnastik am Arbeitsplatz" (32,7 % der Nennungen). Im Verarbeitenden Gewerbe und in Verkehr und Lagerei fordern überdurchschnittlich viele die Einrichtung einer „Arbeitsgruppe zum Gesundheitsschutz" (13,6 % und 12,9 % der Nennungen) und „Nichtraucher-Trainings" (11,7 % und 16,0 % der Nennungen).

Tabelle 23: **Interesse an Gesundheitsangeboten – nach Wirtschaftsabschnitten**

"Welche der folgenden Gesundheitsangebote wären für Sie von Interesse?" **	Wirtschaftsabschnitte*						
	Verarbeitendes Gewerbe	Gesundheits- und Sozialwesen	Handel; Instandhaltung und Reparatur von Kraftfahrzeugen	Öff. Verwaltung, Verteidigung, Sozialvers., Exterrit. Organisat.	Sonstige Dienstleistungen, Private Haushalte	Verkehr und Lagerei	Bergbau, Energie- und Wasservers., Entsorgungswirtschaft
Anzahl Befragter	*12.175*	*4.210*	*1.808*	*4.361*	*1.619*	*643*	*779*
arbeitsplatzbezogene Rückenschule	45,6	51,4	43,7	50,8	48,4	44,6	42,9
Stressbewältigung mit Entspannung	37,4	54,1	42,8	42,6	62,7	27,7	31,2
Rückenberatung am Arbeitsplatz	32,8	30,1	35,4	32,4	30,3	30,5	27,2
Entspannungskurse	31,1	38,3	26,5	40,6	20,9	21,7	30,4
gesunde Kantinenangebote	26,3	19,4	28,6	20,7	22,0	19,1	32,8
Programme zur Gewichtsabnahme	19,2	22,9	19,8	26,6	21,6	27,2	25,2
tägl. Gymnastik am Arbeitsplatz	18,7	19,1	30,5	32,7	28,1	18,1	14,6
Arbeitsgruppe zum Gesundheitsschutz	13,6	7,9	7,5	5,4	3,3	12,9	7,9
Angebote zu Kommunikation u. Führung	13,4	19,1	12,1	15,2	6,1	11,7	14,3
Nichtraucher-Training	11,7	9,0	9,0	6,8	7,2	16,0	9,2
Angebote zur Suchtberatung	2,7	1,7	1,7	1,7	0,4	17,9	1,2

* Gemäß der Klassifikation der Wirtschaftszweige 2008 (WZ08) durch das Statistische Bundesamt.
** Mehrfachnennungen

WIdO 2010

7 Fazit

Die Nachfrage nach Mitarbeiterbefragungen als Instrument zur Ermittlung von arbeitsbedingten Gesundheitsgefahren und Belastungen hat zugenommen. Die Beschäftigtenbefragungen des Wissenschaftlichen Instituts der AOK (WIdO) werden seit 1994 in der betrieblichen Praxis eingesetzt; hier liegen inzwischen Daten aus 381 Unternehmen vor, insgesamt haben 75.525 Mitarbeiter an einer Befragung im Rahmen eines betrieblichen Gesundheitsmanagements teilgenommen.

Die Umfrageergebnisse sind in der Vergangenheit mehrfach als Metaanalyse veröffentlicht worden, der zugrunde liegende Fragebogen wurde verschiedentlich überarbeitet. Für die vorliegende Publikation wurden Befragungsdaten aus den Jahren 2004 bis 2009 deskriptiv ausgewertet. In diesem Zeitraum wurden bundesweit 28.223 Mitarbeiter aus 147 Unternehmen und Organisationen befragt. Auch wenn die Datenbasis nicht repräsentativ für die Grundgesamtheit der Beschäftigten in Deutschland ist, gibt die große Stichprobe ein gutes Bild davon, wie Erwerbstätige Arbeitsbedingungen beurteilen und ihre gesundheitliche Situation am Arbeitsplatz einschätzen.

Es wurden Mitarbeiter in Unternehmen fast aller Wirtschaftszweige befragt, wobei der Anteil der Teilnehmer aus dem verarbeitenden Gewerbe mit 43,1 % überproportional hoch war. Dieser Bias ist darin begründet, dass die Befragungen vor allem in Betrieben mit einem hohen Anteil von AOK-Versicherten durchgeführt worden sind. Ein großer Anteil der AOK-Mitglieder ist traditionell im gewerblichen Bereich beschäftigt, vor allem im verarbeitenden Gewerbe.

7 Fazit

Für die Durchführung von Mitarbeiterbefragungen und die Erstellung von Fragebögen gibt es bekanntlich keinen Königsweg. Das WIdO-Instrument besteht aus einem Themenkatalog mit insgesamt 112 Fragen vorwiegend zu Belastungen und Beschwerden am Arbeitsplatz, aus dem die Unternehmen selbst zusammenstellen können, welche Themen-Module und Fragestellungen jeweils sinnvoll sind. Das Instrument ist in der Vergangenheit in Zusammenarbeit mit Experten aus der betrieblichen Praxis mehrfach modifiziert und an aktuelle Bedarfe angepasst worden. Da die Mitarbeiterbefragungen ferner konzeptionell in ein betriebliches Gesundheitsmanagement eingebettet sind (AOK-Kompaktservice „Gesunde Unternehmen"), ist sichergestellt, dass die Ergebnisse der Erhebungen anschließend vor Ort im Betrieb konkret diskutiert und angegangen werden können.

Die vergleichende Analyse der Betriebsbefragungen belegt, dass gesunde Arbeitsbedingungen für die Beschäftigten wichtig sind. Bei der Priorisierung wichtiger Einflussfaktoren für die eigene Gesundheit werden sie stets an vorderster Stelle angeführt – noch vor der eigenen Zufriedenheit.

Die Befragungsergebnisse zeigen, dass das Instrument „Mitarbeiterbefragung" vor allem als Erhebungsinstrument für die Diagnose der gesundheitlichen Situation der Beschäftigten im Unternehmen verwendet wird. Es liefert differenzierte Ergebnisse ergänzend zu Arbeitsunfähigkeits-Analysen, da die subjektiven Wahrnehmungen der Befragten zusammen mit ihren Arbeitsbedingungen erfasst werden.

Die Stichprobendaten dokumentieren, dass in den Betrieben, in denen Mitarbeiterbefragungen durchgeführt worden sind, schwere körperliche Tätigkeiten und körperlich belastende Bewegungsabläufe an vielen Arbeitsplätzen nach wie vor eine große Rolle spielen. Von den

Befragten werden häufig starke einseitige Belastungen durch ständiges Sitzen (22,0 %) oder Stehen (19,7 %) angeführt. Damit einhergehend kritisieren viele Betroffene Bewegungsmangel bei der Arbeit (19,0 %).

Eine noch größere Bedeutung aber haben psychische Stressoren: Analog zu den Ergebnissen aus aktuellen Fehlzeitenanalysen spiegeln auch die Befragungsdaten viele psychische Belastungen wider. Fast ein Drittel aller befragten Mitarbeiter (30,1 %) empfinden die notwendige ständige Aufmerksamkeit und Konzentration bei der Arbeit als stark belastend, 29,8 % klagen über beruflichen Termin- bzw. Leistungsdruck. Zusammenfassend fällt auf, dass psychische Belastungen deutlich häufiger als andere Gesundheitsgefährdungen angegeben werden: Unter den „Top Ten" aller benannten Belastungen befinden sich insgesamt sieben psychische Parameter, dagegen nur drei Faktoren, die körperlichen oder klimatischen Belastungen zuzuordnen sind.

Für viele Arbeitsplätze werden mehrere Belastungsfaktoren gleichzeitig angegeben. Häufig sind es gerade Belastungskombinationen, die mit besonderen Risiken für die Gesundheit der Arbeitnehmer verbunden sind. Auffällig ist das Ausmaß, in dem Beschäftigte subjektiv Zusammenhänge zwischen ihren Beschwerden und dem Arbeitsplatz sehen. Insbesondere bei muskuloskelettalen Beschwerden wie Verspannungen und Rückenschmerzen sowie bei Stresssymptomen und Befindlichkeitsstörungen wie Reizbarkeit, Nervosität und Unruhe spielen aus Sicht der Mehrheit der Befragten arbeitsbedingte Einflüsse eine große Rolle. Aus den Daten geht klar hervor, dass die zehn häufigsten gesundheitlichen Probleme von mindestens jedem zweiten Befragten in Zusammenhang mit dem Arbeitsplatz gebracht werden.

7 Fazit

Bei den Fragen zu akuten gesundheitlichen Problemen dominieren – wie in der Fehlzeitenstatistik – Angaben mit muskuloskelettalen Beschwerden. An erster Stelle nennen die Befragten Rückenschmerzen (37,1 %) und Verspannungen (35,4 %). Im Anschluss folgen eine Reihe psychovegetativer Beschwerden; am häufigsten werden hier Symptome wie Müdigkeit und Erschöpfung (30,1 %) genannt. Nahezu jeder vierte Mitarbeiter leidet ständig bzw. häufig unter Kopfschmerzen (24,6 %) und Schlafstörungen (23,4 %).

Vergleicht man die Angaben der weiblichen und männlichen Beschäftigten, wird deutlich, dass Frauen generell weniger Arbeitsbelastungen benennen als ihre männlichen Kollegen, gleichwohl aber deutlich häufiger gesundheitliche Beschwerden angeben. Frauen leiden nahezu doppelt so häufig wie Männer unter Verspannungen (42,1 % zu 22,9 %), Kopfschmerzen (28,9 % zu 14,2 %) und Problemen mit dem Kreislauf (13,9 % und 6,6 %). Die Auswertung nach dem Alter lässt tendenziell eine Zunahme der Belastungen und Beschwerden beobachten. Die jüngeren Befragten geben – mit Abstand – die geringsten Belastungswerte an.

Die Angaben zu den Arbeitsbelastungen unterscheiden sich ferner je nach Branche des befragten Mitarbeiters deutlich voneinander. So fühlen sich Beschäftigte aus der Gesundheits- und Sozialbranche, dem Handel und dem privaten Dienstleistungssektor deutlich stärkeren Belastungen ausgesetzt als Mitarbeiter aus dem öffentlichen Sektor bzw. aus Verwaltungsberufen.

Mitarbeiterbefragungen können – neben ihrer Eigenschaft als „Frühwarnsystem" (Diagnosefunktion) – Ansatzpunkte für mögliche konkrete Verbesserungsmaßnahmen (Gestaltungsfunktion) liefern und die Bedarfsanalyse vor Ort unterstützen.

Die Mehrheit der Beschäftigten, die im Rahmen einer betrieblichen Mitarbeiterbefragung gesundheitliche Beschwerden angegeben haben, vertritt die Auffassung, dass gezielte Gesundheitsförderungsmaßnahmen im Betrieb ihre Beschwerden verringern könnten. Sie favorisieren – unabhängig von Alter und Geschlecht – arbeitsplatzbezogene Rückenschulungen (47,3 %) und Angebote zur Stressbewältigung bzw. Entspannung (43,3 %).

Die hier vorgelegte Metaanalyse zeigt, dass sich Mitarbeiterbefragungen zu einem wichtigen Baustein innerhalb eines betrieblichen Gesundheitsmanagements entwickelt haben. Sie steuern eine Fülle von Informationen hinsichtlich Problemdiagnose und Bedarf sowie Gestaltung und Kontrolle von gesundheitsfördernden Maßnahmen im Betrieb bei. Die gewonnenen Erkenntnisse können wirksam zur Senkung des Krankenstandes beitragen.

Ferner hat die Diskussion bzw. Umsetzung der durch die Mitarbeiterbefragungen aufgezeigten Veränderungs- und Verbesserungsmöglichkeiten eine über die reine Prävention hinausgehende positive Wirkung auf die Motivation der beteiligten Mitarbeiter – dies kann sich in einer höheren Leistungs- und Produktivitätsbereitschaft der Belegschaft auswirken.

Mitarbeiterbefragung sind damit nicht nur ein wichtiges Instrument der Gesundheitsförderung am Arbeitsplatz – sie haben darüber hinaus eine wichtige Funktion für die Organisationsentwicklung und letztlich den Unternehmenserfolg.

7 Fazit

Literatur

Ahlstich K (1999), Gesundheitspolitische Einstellungen, Gesundheitsverhalten und Wertewandel. Wiesbaden.

Badura B/Hehlmann T (Hrsg.) (2003), Betriebliche Gesundheitspolitik. Der Weg zur gesunden Organisation. Berlin/Heidelberg.

Badura B/Ritter W/Scherf M (1999), Betriebliches Gesundheitsmanagement – Ein Leitfaden für die Praxis. Berlin.

Badura B/Schröder H/Vetter C (Hrsg.) (2009), Fehlzeiten-Report 2008. Betriebliches Gesundheitsmanagement: Kosten und Nutzen. Berlin/Heidelberg.

Beck D/Bonn V/Westermayer G (2010), Salutogenese am Arbeitsplatz – Die betriebliche Organisation von Gesundheit, in: G+G Wissenschaft 2/10, 7–14.

Borg I (2003), Führungsinstrument Mitarbeiterbefragungen. Theorien, Tools und Praxiserfahrungen. Göttingen.

Bundesagentur für Arbeit (2010), Der Arbeits- und Ausbildungsmarkt in Deutschland – Monatsbericht April 2010, Nürnberg.

Bungard W (1997), Mitarbeiterbefragungen als Instrument modernen Innovations- und Qualitätsmanagements, in: Bungard W/Jöns I (Hrsg.) (1997), Mitarbeiterbefragung. Ein Instrument des Innovations- und Qualitätsmanagements. Weinheim.

Destatis (2009), Statistisches Jahrbuch 2008. Statistisches Bundesamt. Wiesbaden.

Destatis (2009), Gesundheitsrisiken am Arbeitsplatz. Statistisches Bundesamt. Wiesbaden. Zugriff am 23. September 2010 unter: http://www.destatis.de/jetspeed/portal/cms/Sites/destatis/ Internet/ DE/Navigation/Publikationen/STATmagazin/2009/Arbeitsmarkt2009__09,templateId=renderPrint.psml__nnn=true.

Domsch M/Schneble A (Hrsg.) (1992), Mitarbeiterbefragungen – Eine Leitlinie zum Projektmanagement, in: Domsch M/Schneble A (1992), Mitarbeiterbefragungen. Heidelberg.

Domsch M/Ladwig D (2000), Handbuch Mitarbeiterbefragungen. Berlin.

Hippler HJ/Schwarz N/Singer E (1990), Der Einfluss von Datenschutzaussagen auf die Teilnahmebereitschaft an Umfragen. ZUMA-Nachrichten 27, 54–67.

IGA-Report 20 (2010), Motive und Hemmnisse für Betriebliches Gesundheitsmanagement (BGM). o. O.

Institut für Betriebliche Gesundheitsförderung (2005), Dokumentation Mitarbeiterumfrage 2004. Belastungsfaktoren in der Arbeitswelt, Köln.

Institut für Betriebliche Gesundheitsförderung (2007), Belastungen und Ressourcen in der Arbeitswelt. Dokumentation der Mitarbeiterbefragungen Jahrgang 2006, Köln

Neugebauer B (2003), Mitarbeiterbefragungen. Ein Literaturbericht. ZUMA-Methodenbericht Nr. 2003/07. Mannheim.

Pfaff H/Pühlhofer F (2003), Mitarbeiterbefragung. In: Badura B/Hehlmann T (Hrsg.) (2003), Betriebliche Gesundheitspolitik. Der Weg zur gesunden Organisation. Berlin/Heidelberg, 215–221.

Redmann A/Rehbein I (2000), Gesundheit am Arbeitsplatz. Eine Analyse von mehr als 100 Mitarbeiterbefragungen des WIdO 1995–1998. Bonn.

Robert-Koch-Institut (RKI) (Hrsg.) (2005), Armut, soziale Ungleichheit und Gesundheit. Expertise des Robert-Koch-Instituts zum 2. Armuts- und Reichtumsbericht der Bundesregierung, Berlin.

Töpfer A/Zander E (Hrsg.) (1985), Mitarbeiterbefragungen. Ein Handbuch. Frankfurt a. M./New York.

Vetter C/Redmann A (2005), Arbeit und Gesundheit. Ergebnisse aus Mitarbeiterbefragungen in mehr als 150 Betrieben. Bonn.

Walter U (2003), Vorgehensweisen und Erfolgsfaktoren. In: Badura B/Hehlmann T (Hrsg.) (2003), Betriebliche Gesundheitspolitik. Der Weg zur gesunden Organisation. Berlin/Heidelberg, 73–108.

Abbildungsverzeichnis

Abbildung 1: Idealtypischer Ablauf einer Mitarbeiterbefragung im Rahmen eines betrieblichen Gesundheitsmanagements 21
Abbildung 2: Betriebsgröße der befragten Unternehmen 30
Abbildung 3: Erwartungen der Unternehmensleitungen an die Mitarbeiterbefragungen 36
Abbildung 4: Erwartungen der Betriebs- bzw. Personalräte an die Mitarbeiterbefragungen 37
Abbildung 5: Einschätzung des eigenen Gesundheitszustandes – nach Altersgruppen 39
Abbildung 6: Einschätzung des eigenen Gesundheitszustandes – nach beruflichen Merkmalen 40
Abbildung 7: Einstellung der Befragten zur Gesundheit 41
Abbildung 8: Einstellung zur Gesundheit – nach beruflichem Status 43
Abbildung 9: Körperliche Belastungsfaktoren am Arbeitsplatz 46
Abbildung 10: Umgebungsbelastungen am Arbeitsplatz 51
Abbildung 11: Belastungen durch Unfallgefahren am Arbeitsplatz 55
Abbildung 12: Psychische Belastungen am Arbeitsplatz 59
Abbildung 13: „Top Ten" starker Belastungen bei Beschäftigten 67
Abbildung 14: Belastungskumulation am Arbeitsplatz – nach Alter und Geschlecht 68
Abbildung 15: Belastungskumulation am Arbeitsplatz – nach Stellung im Beruf 69
Abbildung 16: Belastungskumulation am Arbeitsplatz – nach Wirtschaftsabschnitten 70

Abbildung 17: Auswirkungen von Mehrfachbelastungen auf den Gesundheitsstatus 71
Abbildung 18: Prävalenzen von einzelnen gesundheitlichen Beschwerden 77
Abbildung 19: Häufigkeit gesundheitlicher Beschwerden – nach Geschlecht 81
Abbildung 20: Gesundheitliche Beschwerden, die auf die Tätigkeit oder den Arbeitsplatz zurückgeführt werden 84
Abbildung 21: Rückenschmerzprävalenz in Abhängigkeit von der Anzahl stark belastender Arbeitsbedingungen 86
Abbildung 22: Vorschläge zur Verbesserung der gesundheitlichen Situation am Arbeitsplatz 88
Abbildung 23: Einschätzung zu den gesundheitsfördernden Maßnahmen im Betrieb – nach Wirtschaftszweigen 92
Abbildung 24: Belastungen bei Mitarbeitern, die Erfahrung mit betrieblicher Gesundheitsförderung haben 94

Tabellenverzeichnis

Tabelle 1: Themenspektrum der WIdO-Mitarbeiterbefragung.....................26

Tabelle 2: Verteilung der Befragten – nach Wirtschaftsabschnitten..........31

Tabelle 3: Verteilung der befragten Beschäftigten
– nach Wirtschaftsabschnitten und Region...................................32

Tabelle 4: Verteilung der Befragten – nach Alter und Geschlecht 33

Tabelle 5: Einstellung der Befragten zur Gesundheit
– nach Altersgruppen...42

Tabelle 6: Körperliche Belastungen am Arbeitsplatz
– nach Altersgruppen...47

Tabelle 7: Körperliche Belastungen am Arbeitsplatz
– nach Wirtschaftsabschnitten...49

Tabelle 8: Umgebungsbelastungen am Arbeitsplatz
– nach Altersgruppen...52

Tabelle 9: Umgebungsbelastungen am Arbeitsplatz
– nach Wirtschaftsabschnitten...53

Tabelle 10: Belastungen durch Unfallgefahren am Arbeitsplatz
– nach Altersgruppen...56

Tabelle 11: Belastungen durch Unfallgefahren am Arbeitsplatz
– nach Wirtschaftsabschnitten...58

Tabelle 12: Psychische Belastungen am Arbeitsplatz
– nach Altersgruppen...62

Tabelle 13: Psychische Belastungen am Arbeitsplatz
– nach Wirtschaftsabschnitten...64

Tabelle 14: Häufigkeit gesundheitlicher Beschwerden 73

Tabelle 15: Häufigkeit gesundheitlicher Beschwerden
– nach Alter und Geschlecht..74

Tabelle 16: Häufigkeit gesundheitlicher Beschwerden
– nach Wirtschaftsabschnitten 75

Tabelle 17: Prävalenzen von einzelnen gesundheitlichen Beschwerden
– nach Altersgruppen 79

Tabelle 18: Prävalenzen von einzelnen gesundheitlichen Beschwerden
– nach Wirtschaftsabschnitten 82

Tabelle 19: Prävalenzen von arbeitsbedingten gesundheitlichen
Beschwerden bei ausgewählten Belastungsmerkmalen 85

Tabelle 20: Vorschläge zur Verbesserung der gesundheitlichen
Situation am Arbeitsplatz – nach Wirtschaftsabschnitten 89

Tabelle 21: Gesundheitliche Probleme bei Mitarbeitern, die
Erfahrung mit betrieblicher Gesundheitsförderung haben 93

Tabelle 22: Interesse an Gesundheitsangeboten
– nach Altersgruppen 95

Tabelle 23: Interesse an Gesundheitsangeboten
– nach Wirtschaftsabschnitten 97

Stichwortverzeichnis

Arbeitslosigkeit....... 58, 66, 84, 85
Arbeitsorganisation 88, 90, 94
Arbeitsplatzgestaltung.........88, 90
Arbeitsschutz 9, 57
Arbeitssituationsanalyse 17, 21,
.... 24
Arbeitszeit 23, 60, 62, 65
Arbeitszeitgestaltung...........88, 90
Arbeitszufriedenheit . 5, 25f., 35ff.
Basisfragen................................ 20
Befragung, online 15
– postalische 23
– schriftliche 15, 25, 34, 35
Belastungsfaktoren 3, 6, 9f.,
..... 25f., 44, 46, 50ff., 58, 61, 66f.,
................70, 85, 101, 106 f., 109
Belüftung...................... 50ff.
Betriebsgröße 30, 107
Betriebsklima 14, 22, 35ff., 87, 89
Betriebsrat 20, 22, 37
Bewegungsmangel 8, 45ff., 101
Bias 99
Bildschirmarbeit 60, 63, 65
Burn-out 60
Datenerfassung.......................... 26
Datenschutz 16, 22, 26, 106
Demografie...........................26f.
Demografischer Wandel........5, 34

Depressionen 60, 77, 79, 82
Entspannungstraining........., 24, 96
Erfolgsfaktor 19, 22, 41, 106
Ernährung............. 8, 40ff., 46, 95
Erschöpfung 11, 60, 76, 79, 82,
.... 85, 102
Fehlzeiten 5, 17, 20, 25, 76,
.... 101, 105
Fließbandarbeit 45
Führung 14, 16, 25f., 87f.,
.... 95ff.
Gefährdungsbeurteilung............ 56
Gefahrenstoffe 50, 55
Gefahrenstoffen 56
Gelenkschmerzen....... 11, 76, 78f.,
.... 82, 85
Gesundheitsangebote ...18, 95, 97,
.... 110
Gesundheitsberichterstattung ...24
Gesundheitsförderung.......4ff., 17,
.. 26, 28, 36, 91ff., 103, 106, 108,
.... 110
Gesundheitszirkel 17, 28
Gesundheitszustand ... 8, 36ff., 43,
.... 71, 74, 107
Gewichtsregulierung 96
Gymnastik ....95ff.
Herz-Kreislauf-System............ 78f.
Hitze .... 9, 50, 52ff.

Interview 16
Items 10, 20, 25ff., 34, 63, 73
Kälte .... 9, 50ff.
Kopfschmerzen ... 11, 76, 78ff., 82, ... 85, 102
körperliche Arbeit .... 8, 45ff.
Kosten-Nutzen-Effekte 92
Krankenstand ..... 5, 13, 17, 20, 22, ... 35ff., 103
Kreislaufstörungen 78f., 82
Kumulation 3, 66ff., 86, 107
Lärm .... 9, 50ff.
Leistungsdruck ... 10, 60, 62ff., 66, ... 84f., 101
Lustlosigkeit 76, 79, 82, 85
Magenschmerzen . 73, 76, 78f., 82
Mehrfachbelastungen ..... 67ff., 71, ... 108
Müdigkeit . 11, 76, 79, 82, 85, 102
Nervosität .... 73, 76, 78f., 82f., 85, ... 101
Nichtraucherschutz .... 87, 89f.
Organisationsentwicklung 13, 103
Platzmangel 45
Reizbarkeit ... 76, 79, 82f., 85, 101
Rückenschmerzen . 10, 73, 76, 79, ... 82f., 85, 86, 101f., 108
Rückenschule .. 12, 24, 95, 97, 103
Rücklaufquote 34
Schlafstörungen .. 11, 76, 78f., 82, ... 85, 102

Selbstselektion 38
Skalierung 25
– ordinale 27
Sodbrennen 78f., 82
Standardfragebogen 20
ständige Aufmerksamkeit .. 10, 60, ... 62, 64, 66, 101
Status, beruflicher .... 27, 34, 39, ... 43, 107
Steuerkreis 20, 23
Stichprobe . 14, 16, 22, 29, 30, 33, ... 50, 99
Stressbewältigung 12, 95, 97, 103
Suchtberatung .... 95ff.
Survey-Feedback 19, 23
Traurigkeit 77, 79, 82
Überkopfarbeit 46f., 49
Überstunden 60, 63, 65
Unfallgefahren .... 3, 9, 44, 54ff., ... 107, 109
Unruhe 76, 78f., 82f., 85, 101
Verbesserungsvorschläge .... 4, ... 87ff., 108, 110
Verdauungsstörungen .... 11, 78ff., ... 83
Verspannungen .... 10f., 60, 76, ... 78ff, 82f., 85, 101, 102
Vollerhebung 16, 22
Zufriedenheitsfragen 27
Zugluft .... 9, 50ff.

Anhang

Fragenkatalog – Kompaktservice Mitarbeiterbefragung

Anhang

AOK Service
Gesunde Unternehmen

Kompaktservice Mitarbeiterbefragung

Fragenkatalog zur Erstellung eines betriebsspezifischen Fragebogens

WIdO Wissenschaftliches Institut der AOK

Wissenschaftliches Institut der AOK
email: wido@wido.bv.aok.de
http://www.wido.de/

AOK - Die Gesundheitskasse

Mitarbeiterbefragung

Ihre gesundheitliche Situation

1.	Was halten Sie für besonders wichtig für Ihre Gesundheit? (Bitte kreuzen Sie höchstens 5 Antworten an)	
	○₁	Nichts, da die Gesundheit Glücksache ist
	○₁	genügend Schlaf
	○₁	vielseitige/ausgewogene Ernährung
	○₁	Nichtrauchen
	○₁	Beteiligung an Früherkennungsuntersuchungen
	○₁	fettarmes Essen
	○₁	Entspannung
	○₁	viel Bewegung
	○₁	eigene Zufriedenheit
	○₁	gute Freundschaften/Partnerschaft
	○₁	wenig Unfallrisiken einzugehen
	○₁	Konflikte austragen zu können
	○₁	interessante Arbeit
	○₁	gesunde Arbeitsbedingungen
	○₁	gutes Verhältnis zu Kollegen
	○₁	Sonstiges (bitte nennen)

2.	Wie stark achten Sie im allgemeinen auf Ihre Gesundheit?	
	○₁	stark
	○₂	mittelmäßig
	○₃	eher wenig

3.	Informieren Sie sich über Möglichkeiten, gesund zu leben?	
	○₁	ja, oft und regelmäßig
	○₂	gelegentlich
	○₃	wenn, dann eher zufällig
	○₄	nein, eher nicht

4.	Wie beurteilen Sie im allgemeinen Ihren Gesundheitszustand?	
	○₁	sehr gut
	○₂	gut
	○₃	zufriedenstellend
	○₄	weniger gut
	○₅	schlecht

AOK - Die Gesundheitskasse

Mitarbeiterbefragung

5. Wie oft haben Sie die folgenden gesundheitlichen Beschwerden?						Falls diese Beschwerden bei Ihnen auftreten, haben Sie den Eindruck, dass sie mit Ihrer Tätigkeit oder Ihrem Arbeitsplatz zusammenhängen?		
	praktisch immer	häufig	immer mal wieder	selten	praktisch nie	ja	nein	weiß nicht
Rückenschmerzen	O_1	O_2	O_3	O_4	O_5	O_1	O_2	O_3
Gelenkschmerzen	O_1	O_2	O_3	O_4	O_5	O_1	O_2	O_3
Magenschmerzen/Sodbrennen	O_1	O_2	O_3	O_4	O_5	O_1	O_2	O_3
Verdauungsstörungen (Verstopfung/Durchfall)	O_1	O_2	O_3	O_4	O_5	O_1	O_2	O_3
Appetitlosigkeit/Übelkeit	O_1	O_2	O_3	O_4	O_5	O_1	O_2	O_3
Kreislaufstörungen	O_1	O_2	O_3	O_4	O_5	O_1	O_2	O_3
Herzbeschwerden	O_1	O_2	O_3	O_4	O_5	O_1	O_2	O_3
Venenerkrankung	O_1	O_2	O_3	O_4	O_5	O_1	O_2	O_3
Schwindelgefühle	O_1	O_2	O_3	O_4	O_5	O_1	O_2	O_3
Nervosität, Unruhe	O_1	O_2	O_3	O_4	O_5	O_1	O_2	O_3
Reizbarkeit	O_1	O_2	O_3	O_4	O_5	O_1	O_2	O_3
Schlafstörungen	O_1	O_2	O_3	O_4	O_5	O_1	O_2	O_3
Kopfschmerzen	O_1	O_2	O_3	O_4	O_5	O_1	O_2	O_3
Verspannungen/Verkrampfungen	O_1	O_2	O_3	O_4	O_5	O_1	O_2	O_3
Erkältungen	O_1	O_2	O_3	O_4	O_5	O_1	O_2	O_3
Reizhusten	O_1	O_2	O_3	O_4	O_5	O_1	O_2	O_3
Atemnot	O_1	O_2	O_3	O_4	O_5	O_1	O_2	O_3
Reizung der Augen	O_1	O_2	O_3	O_4	O_5	O_1	O_2	O_3
Hautprobleme (Jucken, trockene Hautstellen, Ekzeme)	O_1	O_2	O_3	O_4	O_5	O_1	O_2	O_3
Allgemeine Müdigkeit, Mattigkeit oder Erschöpfung	O_1	O_2	O_3	O_4	O_5	O_1	O_2	O_3
Lustlosigkeit, ausgebrannt sein	O_1	O_2	O_3	O_4	O_5	O_1	O_2	O_3
Mutlosigkeit/Traurigkeit/ Bedrückung	O_1	O_2	O_3	O_4	O_5	O_1	O_2	O_3
Sonstige Beschwerden (bitte nennen):								
	O_1	O_2	O_3	O_4	O_5	O_1	O_2	O_3
	O_1	O_2	O_3	O_4	O_5	O_1	O_2	O_3

AOK - Die Gesundheitskasse

Mitarbeiterbefragung

6. Wenn Sie Rücken- oder Gelenkschmerzen haben, markieren Sie bitte bei der Figur die Stellen, an denen Sie Schmerzen haben.

Die Positionen bezeichnen folgendes:

02	Hals / Nacken
03	Schulter
04	Ellenbogen
05	Hand
06	Finger
07, 08, 09	Rücken
10	Hüfte
11	Knie
12	Fuß

7. Falls Sie in letzter Zeit Beschwerden hatten, waren oder sind Sie deswegen in ärztlicher Behandlung?
- ○₁ ja
- ○₂ nein

8. Wie lange waren Sie in den letzten 12 Monaten krank geschrieben?
- ○₁ gar nicht
- ○₂ weniger als 1 Woche
- ○₃ 1 bis 2 Wochen
- ○₄ 3 bis 4 Wochen
- ○₅ mehr als 4 Wochen
- ○₆ weiß ich nicht mehr genau

9. Würden Sie sich aus gesundheitlichen Gründen einen anderen Arbeitsplatz wünschen?
- ○₁ ja
- ○₂ nein

10. Meinen Sie, dass Veränderungen Ihrer Arbeitsbedingungen Ihre Beschwerden verringern könnten?
- ○₁ ja
- ○₂ zum Teil
- ○₃ eher nicht
- ○₄ nein
- ○₅ weiß ich nicht

Mitarbeiterbefragung

11. Was schlagen Sie zur Verbesserung Ihrer gesundheitlichen Situation am Arbeitsplatz vor? (Sie können mehrere Antworten ankreuzen)		
	○₁	technische Verbesserungen/Hilfen Welche? (bitte nennen)
	○₁	andere Arbeitsplatzgestaltung
	○₁	andere Arbeitszeitgestaltung
	○₁	andere Arbeitsorganisation
	○₁	andere Arbeitsmaterialien
	○₁	andere Pausenregelung
	○₁	mehr Informationen über den Arbeitsablauf
	○₁	klärende Gespräche mit den Vorgesetzten
	○₁	mehr Einsatz der Vorgesetzten für die Mitarbeiter
	○₁	Maßnahmen zur Verbesserung des Betriebsklimas
	○₁	besseren Nichtraucherschutz
	○₁	mehr Hygiene in den sanitären Anlagen
	○₁	Gesundheitskurse für Mitarbeiter
	○₁	Informationen über gesundes Verhalten am Arbeitsplatz (z.B. rückengerechtes Heben)
	○₁	weiß ich nicht
	○₁	Verbesserungen sind nicht nötig
	○₁	Sonstiges (bitte nennen)

12. Wie beurteilen Sie die Maßnahmen zur Sicherheit und zum Gesundheitsschutz in Ihrem Betrieb?	eher gut	eher schlecht	betrifft mich nicht	kenne ich nicht
Zustand der Sicherheitseinrichtungen	○₁	○₂	○₃	○₄
Bereitstellung von Körperschutzmitteln	○₁	○₂	○₃	○₄
Informationen über Gefährdungen	○₁	○₂	○₃	○₄
Betriebsärztliche Betreuung	○₁	○₂	○₃	○₄
Betreuung durch Sicherheitsfachkräfte	○₁	○₂	○₃	○₄
Beteiligung am Gesundheitsschutz	○₁	○₂	○₃	○₄
Vorsorgeuntersuchungen	○₁	○₂	○₃	○₄
Gesundheitsfördernde Maßnahmen	○₁	○₂	○₃	○₄

Mitarbeiterbefragung

13. Können Sie nach der Arbeit gut abschalten?	$\bigcirc_1$	ja, meistens
	$\bigcirc_2$	häufig nicht
	$\bigcirc_3$	fast gar nicht

14. Versuchen Sie in Ihrer Freizeit einen Ausgleich zu Ihrer beruflichen Tätigkeit zu finden?	$\bigcirc_1$	ja
	$\bigcirc_2$	nein
	wenn ja, welchen?	
	$\bigcirc_1$	Sport treiben
	$\bigcirc_1$	regelmäßig und ausreichend schlafen
	$\bigcirc_1$	vielseitig und ausgewogen essen
	$\bigcirc_1$	gut ausruhen und entspannen
	$\bigcirc_1$	physiotherapeutische Maßnahmen (z. B. Bäder, Massagen)
	$\bigcirc_1$	Musik hören
	$\bigcirc_1$	Lesen
	$\bigcirc_1$	Freundschaften pflegen
	$\bigcirc_1$	auf Partys gehen
	$\bigcirc_1$	ein Hobby betreiben
	$\bigcirc_1$	Sonstiges (bitte nennen)

15. Wie oft bewegen Sie sich intensiv außerhalb der Arbeitszeit (z. B. Sport, wandern etc.)?	$\bigcirc_1$	eher selten
	$\bigcirc_2$	ein- bis zweimal die Woche
	$\bigcirc_3$	drei- bis viermal die Woche
	$\bigcirc_4$	täglich

Mitarbeiterbefragung

16.	Wenn Sie Sport treiben, welche Sportart üben Sie vor allem aus? (Sie können bis zu 3 Antworten ankreuzen)	$\bigcirc_1$	Gymnastik/Aerobic
		$\bigcirc_1$	Joggen
		$\bigcirc_1$	Fußball
		$\bigcirc_1$	Volleyball/Handball/Basketball
		$\bigcirc_1$	Radfahren
		$\bigcirc_1$	Schwimmen
		$\bigcirc_1$	Turnen
		$\bigcirc_1$	Krafttraining
		$\bigcirc_1$	Tennis
		$\bigcirc_1$	Spazieren gehen/Wandern
		$\bigcirc_1$	Sonstiges (bitte nennen)

Ihr Interesse an Maßnahmen zur betrieblichen Gesundheitsförderung

17.	Wollen Sie mehr für Ihre Gesundheit tun?	$\bigcirc_1$	ja
		$\bigcirc_2$	würde ich gerne, aber mir fehlt die Zeit dazu
		$\bigcirc_3$	nein, ich tue schon genügend für meine Gesundheit
18.	Was halten Sie von betrieblichen Gesundheitsangeboten?	$\bigcirc_1$	fände ich gut, sofern sie kostenlos sind
		$\bigcirc_2$	wäre auch bei Eigenbeteiligung eine gute Sache
		$\bigcirc_3$	fände ich gut, aber nur, wenn sie während der Arbeitszeit stattfinden
		$\bigcirc_4$	fände ich auch gut, wenn sie außerhalb der Arbeitszeit stattfinden
		$\bigcirc_5$	wäre eine gute Sache, aber sie sollten außerhalb des Betriebes stattfinden
		$\bigcirc_6$	habe dazu noch keine Meinung
		$\bigcirc_7$	nichts

Mitarbeiterbefragung

19. Welche der folgenden Gesundheitsangebote wären für Sie von Interesse?
Bitte ankreuzen!

- $\bigcirc_1$ tägliche Gymnastik am Arbeitsplatz (Bewegungspausen)
- $\bigcirc_1$ arbeitsplatzbezogene Rückenschule
- $\bigcirc_1$ Beratung an Ihrem Arbeitsplatz für einen gesunden Rücken
- $\bigcirc_1$ Nichtraucher-Training
- $\bigcirc_1$ Angebote zur Suchtberatung
- $\bigcirc_1$ gesunde Kantinenangebote (vollwertig)
- $\bigcirc_1$ Programme zur Gewichtsabnahme
- $\bigcirc_1$ Entspannungskurse
- $\bigcirc_1$ Stressbewältigung mit Entspannung
- $\bigcirc_1$ Angebote zu Kommunikation und Führung
- $\bigcirc_1$ Arbeitsgruppe im Betrieb, die sich mit Gesundheitsschutz befasst

20. Würden Sie derartige Angebote Ihres Betriebes auch in der Freizeit wahrnehmen?

- $\bigcirc_1$ ja
- $\bigcirc_2$ noch keine Meinung
- $\bigcirc_3$ nein

Betriebsverpflegung, Kantine

21. Nehmen Sie am Kantinenessen teil?

- $\bigcirc_1$ regelmäßig
- $\bigcirc_2$ gelegentlich
- $\bigcirc_3$ nie

22. Stimmt in Ihrer Kantine	ja, meistens	eher selten	so gut wie nie
die Qualität der Speisen?	$\bigcirc_1$	$\bigcirc_2$	$\bigcirc_3$
die Abwechslung im Speiseplan?	$\bigcirc_1$	$\bigcirc_2$	$\bigcirc_3$
die Wahlmöglichkeit für die Zusammenstellung des Essens?	$\bigcirc_1$	$\bigcirc_2$	$\bigcirc_3$
das Angebot an Pausenverpflegung (z. B. belegte Brötchen, Gebäck)?	$\bigcirc_1$	$\bigcirc_2$	$\bigcirc_3$
das Preis-Leistungs-Verhältnis?	$\bigcirc_1$	$\bigcirc_2$	$\bigcirc_3$
die Atmosphäre?	$\bigcirc_1$	$\bigcirc_2$	$\bigcirc_3$

Mitarbeiterbefragung

23.	**Ich wünsche mir als Angebot im Betrieb** (Sie können mehrere Antworten ankreuzen)	$\bigcirc_1$	mehr frisches Obst
		$\bigcirc_1$	mehr Salate (Salatbar) und Gemüse
		$\bigcirc_1$	abwechslungsreichere Küche
		$\bigcirc_1$	mehr fleischlose Gerichte
		$\bigcirc_1$	mehr Fischgerichte
		$\bigcirc_1$	größeres Angebot an Pausenverpflegung (belegte Brötchen, Hefegebäck, Obstkuchen u. ä.)
		$\bigcirc_1$	mehr Wahlmöglichkeiten bei den Beilagen (z. B. Ofenkartoffeln, Knödel, Reis, Brot etc.)
		$\bigcirc_1$	mehr Desserts (z. B. Rote Grütze, Kompott, Quarkspeisen)
		$\bigcirc_1$	Sonstiges (bitte nennen)
24.	**Welche Getränke wünschen Sie sich als Angebot im Betrieb?** (Sie können mehrere Antworten ankreuzen)	$\bigcirc_1$	Kaffee
		$\bigcirc_1$	Tee
		$\bigcirc_1$	Kakao, Milch (Packung), Milchmixgetränke
		$\bigcirc_1$	Fruchtsäfte
		$\bigcirc_1$	Fruchtsaftschorle
		$\bigcirc_1$	Limonade, Colagetränke
		$\bigcirc_1$	Mineralwasser
		$\bigcirc_1$	kalorienreduzierte Getränke
		$\bigcirc_1$	alkoholfreies Bier

Mitarbeiterbefragung

Fragen zu Ihrem Arbeitsplatz und zu Ihrer Arbeitsplatzumgebung

Allgemeine Einschätzung der Arbeit

25.	Fühlen Sie sich durch Ihre Tätigkeit/ Aufgaben angemessen gefordert?	$\bigcirc_1$	ja
		$\bigcirc_2$	nein, fühle mich unterfordert
		$\bigcirc_3$	nein, fühle mich z. T. überfordert

26.	Können Sie bei Ihrer Arbeit Ihr Wissen und Können einsetzen?	$\bigcirc_1$	sehr häufig
		$\bigcirc_2$	häufig
		$\bigcirc_3$	manchmal
		$\bigcirc_4$	selten
		$\bigcirc_5$	sehr selten

27.	Erleben Sie Ihre Arbeit als abwechslungsreich?	$\bigcirc_1$	sehr häufig
		$\bigcirc_2$	häufig
		$\bigcirc_3$	manchmal
		$\bigcirc_4$	selten
		$\bigcirc_5$	sehr selten

28.	Wie oft haben Sie bei Ihrer Arbeit Erfolgserlebnisse?	$\bigcirc_1$	sehr häufig
		$\bigcirc_2$	häufig
		$\bigcirc_3$	manchmal
		$\bigcirc_4$	selten
		$\bigcirc_5$	sehr selten

29.	Wie wichtig ist Ihrer Meinung nach Ihr Arbeitsplatz für die Qualität des Produktes/der Dienstleistung?	$\bigcirc_1$	sehr wichtig
		$\bigcirc_2$	wichtig
		$\bigcirc_3$	weniger wichtig
		$\bigcirc_4$	nicht wichtig
		$\bigcirc_5$	unwichtig

Mitarbeiterbefragung

30. Wieviel Einfluss haben Sie darauf, welche Arbeit Ihnen zugeteilt wird?	O_1	sehr viel
	O_2	ziemlich viel
	O_3	etwas
	O_4	ziemlich wenig
	O_5	sehr wenig

31. Können Sie Ihre Arbeit selbständig planen und einteilen?	O_1	sehr häufig
	O_2	häufig
	O_3	manchmal
	O_4	selten
	O_5	sehr selten

32. Ist Ihre Verantwortung (z. B. für Material/ Maschinen/Geräte/Sicherheit der Kollegen) eher	O_1	zu hoch
	O_2	angemessen
	O_3	zu gering?

Arbeitsablauf/Arbeitsorganisation

33. Sind Sie der Meinung, dass der Arbeitsablauf/die Arbeitsorganisation in Ihrer Abteilung/im Betrieb effektiv ist?	O_1	ja
	O_2	weiß nicht
	O_3	nein
	\multicolumn{2}{l}{**wenn nein, wo sehen Sie Verbesserungsbedarf?** (Sie können mehrere Antworten ankreuzen)}
	O_1	weniger technische Ausfälle von Maschinen/Geräten
	O_1	verbessertes Arbeitsmaterial
	O_1	weniger Qualitätsmängel
	O_1	besseres Einhalten von Lieferfristen
	O_1	mehr Information
	O_1	bessere Qualifikation der Mitarbeiter
	O_1	bessere Koordination
	O_1	mehr Verantwortlichkeit
	O_1	besseres Betriebsklima
	O_1	Sonstiges (bitte nennen)

Mitarbeiterbefragung

34. Wie schätzen Sie die Kundenzufriedenheit in Ihrem Arbeitsbereich ein?	O_1	sehr hoch
	O_2	hoch
	O_3	mittel
	O_4	niedrig
	O_5	sehr niedrig
	O_6	trifft nicht zu

35. Ist nach Ihrer Meinung Ihre Abteilung/ Arbeitsgruppe/Schicht ausreichend besetzt?	O_1	in der Regel ja
	O_2	nein, gelegentlich nicht
	O_3	nein, häufig nicht
	O_4	nein, fast nie
	O_5	bei Krankheitsfällen gibt es keine ausreichende Stellvertretung
	O_6	in Urlaubszeiten gibt es keine ausreichende Stellvertretung

36. Wie wurden Sie an Ihrem Arbeitsplatz eingewiesen?	O_1	gut
	O_2	zufriedenstellend
	O_3	schlecht
	O_4	überhaupt nicht

37. Erwartet man von Ihnen Verbesserungsvorschläge?	O_1	ja
	O_2	manchmal
	O_3	nein
Wenn von Ihnen Verbesserungsvorschläge erwartet werden, wie reagiert Ihr Vorgesetzter/Ihr Betrieb darauf? (Sie können mehrere Antworten ankreuzen)	O_1	sie werden weitgehend ignoriert/ sie verpuffen
	O_1	sie werden von den Vorgesetzten anerkannt/Vorschläge werden weitergeleitet und ernsthaft überprüft
	O_1	sie werden von Kolleginnen und Kollegen anerkannt

Mitarbeiterbefragung

38.	Wird von Ihnen Verantwortungsübernahme erwartet?	$\bigcirc_1$ ja
		$\bigcirc_2$ manchmal
		$\bigcirc_3$ nein
	Wenn von Ihnen Verantwortungsübernahme erwartet wird, wie reagiert Ihr Vorgesetzter/Ihr Betrieb darauf?	$\bigcirc_1$ sie bleibt unbemerkt
		$\bigcirc_1$ sie wird weitgehend ignoriert
		$\bigcirc_1$ sie wird von Vorgesetzten anerkannt
	(Sie können mehrere Antworten ankreuzen)	$\bigcirc_1$ sie wird von Kolleginnen und Kollegen anerkannt

39.	Wie wird in Ihrem Betrieb mit Fehlern umgegangen?	$\bigcirc_1$ aus Fehlern wird gelernt (Kritik und Selbstkritik ohne Nachteile)
		$\bigcirc_1$ um Fehler wird wenig Aufhebens gemacht (irren ist menschlich)
	(Sie können mehrere Antworten ankreuzen)	$\bigcirc_1$ es existiert ein aktives Qualitätsmanagement, dass Fehler erfasst und korrigiert
		$\bigcirc_1$ Vorgesetzte reagieren mit Druck und/oder Ärger
		$\bigcirc_1$ Kolleginnen und Kollegen reagieren mit Druck und /oder Ärger
		$\bigcirc_1$ Fehler werden weitgehend verheimlicht

40.	Haben Sie Angst, bei der Arbeit Fehler zu machen?	$\bigcirc_1$ sehr häufig
		$\bigcirc_2$ häufig
		$\bigcirc_3$ manchmal
		$\bigcirc_4$ selten
		$\bigcirc_5$ sehr selten

41.	Wie häufig kommt es bei Ihrer Arbeit vor, dass auch schon ein kleiner Fehler oder eine geringe Aufmerksamkeit größere finanzielle Verluste zur Folge haben können?	$\bigcirc_1$ sehr häufig
		$\bigcirc_2$ häufig
		$\bigcirc_3$ manchmal
		$\bigcirc_4$ selten
		$\bigcirc_5$ sehr selten

Mitarbeiterbefragung

42. Mein Arbeitsplatz befindet sich überwiegend		
	$\bigcirc_1$	in einem Einzelbüro
	$\bigcirc_2$	in einem Büro für mehrere Personen
	$\bigcirc_3$	in einem Großraumbüro
	$\bigcirc_4$	in einem Labor
	$\bigcirc_5$	in einer Werkstatt
	$\bigcirc_6$	in einer Fabrikhalle
	$\bigcirc_7$	in einem Fahrzeug
	$\bigcirc_8$	im Freien
	$\bigcirc_9$	im Außendienst
	$\bigcirc_{10}$	Sonstiges (bitte nennen)

43. Arbeiten Sie innerhalb einer festen Arbeitsgruppe?		
	$\bigcirc_1$	ja
	$\bigcirc_2$	teilweise
	$\bigcirc_3$	nein

44. Wechseln Sie zwischen den Abteilungen Ihren Arbeitsplatz?		
	$\bigcirc_1$	ja, regelmäßig
	$\bigcirc_2$	ja, häufig
	$\bigcirc_3$	selten
	$\bigcirc_4$	nie
Wenn Sie wechseln, was bedeutet ein Arbeitsplatzwechsel in erster Linie für Sie? (Sie können mehrere Antworten ankreuzen)	$\bigcirc_1$	Abwechslung/neue Erfahrungen
	$\bigcirc_1$	Verlust gewohnter Tätigkeiten
	$\bigcirc_1$	Zugewinn neuer Fähigkeiten/ Fertigkeiten
	$\bigcirc_1$	Verlust der bekannten Umgebung und der bekannten Leute
	$\bigcirc_1$	Ängste/Unwohlsein
	$\bigcirc_1$	Sonstiges (bitte nennen)

45. Haben Sie den Wunsch, innerhalb der Firma eine andere Aufgabe zu übernehmen?		
	$\bigcirc_1$	ja
	$\bigcirc_2$	nein
		wenn ja, welche?
		warum?

Mitarbeiterbefragung

Arbeitszeitgestaltung, Pausenregelung

46.	Arbeiten Sie auf Teilzeitbasis?	$\bigcirc_1$ ja
		$\bigcirc_2$ nein

47.	Leisten Sie Schichtarbeit?	$\bigcirc_1$	nein
	(Sie können mehrere Antworten ankreuzen)	$\bigcirc_1$	ja, zweischichtig
		$\bigcirc_1$	ja, dreischichtig
		$\bigcirc_1$	ja, rhythmisch
		$\bigcirc_1$	ja, unrhythmisch

48.	Arbeiten Sie ...	regelmäßig	gelegentlich	nie
	zwischen 23.00 und 5.00 Uhr nachts	$\bigcirc_1$	$\bigcirc_2$	$\bigcirc_3$
	an Samstagen	$\bigcirc_1$	$\bigcirc_2$	$\bigcirc_3$
	an Sonn- und Feiertagen	$\bigcirc_1$	$\bigcirc_2$	$\bigcirc_3$

49.	Wie oft leisten Sie Überstunden?	$\bigcirc_1$	regelmäßig
		$\bigcirc_2$	gelegentlich
		$\bigcirc_3$	nie

50.	Leisten Sie Akkordarbeit?	$\bigcirc_1$	nein
		$\bigcirc_2$	ja
	Wenn ja, welche Art von Akkord?	$\bigcirc_1$	Fließbandakkord
		$\bigcirc_2$	Einzelakkord bzw. Stückakkord
		$\bigcirc_3$	Gruppenakkord

51.	Werden Ihre Wünsche bei der Schicht-/Urlaubsplanung berücksichtigt?	$\bigcirc_1$	ja
		$\bigcirc_2$	teilweise
		$\bigcirc_3$	nein

Mitarbeiterbefragung

52. Welche Wünsche haben Sie zur Gestaltung Ihrer Arbeitszeit? (Sie können bis zu 5 Antworten ankreuzen)	$\bigcirc_1$	keine Wünsche, bin zufrieden
	$\bigcirc_1$	größere Spielräume zur Abgeltung von Überstunden durch Freizeit
	$\bigcirc_1$	weniger Überstunden
	$\bigcirc_1$	Möglichkeit eines Arbeitszeitkontos
	$\bigcirc_1$	individuelle Arbeitszeitgestaltung (Jahresarbeitszeitkonto)
	$\bigcirc_1$	freie Tage zu Blöcken zusammenfassen
	$\bigcirc_1$	Einführung der Gleitzeit
	$\bigcirc_1$	mehr Möglichkeiten für Teilzeitarbeit
	$\bigcirc_1$	Teilung eines Arbeitsplatzes mit einem Kollegen/einer Kollegin (Jobsharing)
	$\bigcirc_1$	die Möglichkeit, meine Arbeit für einen Zeitraum von mehreren Monaten zu unterbrechen
	$\bigcirc_1$	Sonstiges (bitte nennen)

53. Sind Sie mit der Pausenregelung zufrieden?	$\bigcirc_1$	ja
	$\bigcirc_2$	nein
	Wenn nein, warum nicht? (Sie können mehrere Antworten ankreuzen)	
	$\bigcirc_1$	Pause zu kurz
	$\bigcirc_1$	ungünstige Pausenzeiten
	$\bigcirc_1$	Pausenraum zu weit weg
	$\bigcirc_1$	keine angemessene Pausenräumlichkeit vorhanden
	$\bigcirc_1$	Sonstiges (bitte nennen)

Mitarbeiterbefragung

Arbeitsplatzausstattung, Ergonomie

54.	Sind die Maschinen/Geräte, an denen Sie arbeiten, in einem guten Zustand?	O_1	in der Regel ja
		O_2	ja, überwiegend
		O_3	nur teilweise
		O_4	nein, häufig nicht
		O_5	nein, meistens nicht

55.	Wenn Sie an einem Arbeitstisch arbeiten, ist er ausreichend groß (160 cm x 80 cm)?	O_1	ja
		O_2	nein
		O_3	trifft für mich nicht zu
	Ist er ausreichend verstellbar (Arbeitshöhe)?	O_1	ja
		O_2	nein
		O_3	trifft für mich nicht zu

56.	Wenn Sie an einer Maschine arbeiten, ist die Arbeitshöhe körpergerecht einstellbar?	O_1	ja
		O_2	nein
		O_3	trifft für mich nicht zu

57.	Wenn Sie Ihre Arbeit im Stehen ausführen, benutzen Sie eine Stehhilfe?	O_1	ja
		O_2	nein, ist zu umständlich
		O_3	nein, keine vorhanden
		O_4	nein, keine notwendig
		O_5	trifft für mich nicht zu

58.	Könnten Sie Ihre Arbeit auch im Sitzen ausführen?	O_1	ja, häufig
		O_2	teilweise
		O_3	nein

59.	Sind Sie mit Ihrem Arbeitsstuhl/Arbeitssitz zufrieden?	O_1	ja
		O_2	nein
		O_3	trifft für mich nicht zu

60.	Benutzen Sie eine Fußstütze?	O_1	ja
		O_2	nein, weil keine vorhanden
		O_3	nein, keine notwendig
		O_4	nein, aber einen Ersatz (z. B. Kiste)

Mitarbeiterbefragung

Fragen zu Bildschirmarbeitsplätzen

61.	Wenn Sie am Bildschirm arbeiten, wie viele Stunden täglich?	○₁	bis 4 Stunden
		○₂	bis 6 Stunden
		○₃	über 6 Stunden
	Unterbrechen Sie Ihre tägliche Arbeit am Bildschirm durch Pausen oder andere Tätigkeiten?	○₁	ja
		○₂	nein
		○₃	teils, teils
	Haben Sie ausreichend Arbeitsfläche für Computer und Ablage?	○₁	ja
		○₂	nein
	Stehen Bildschirm und Tastatur frontal vor Ihnen?	○₁	ja
		○₂	nein
	Ist Ihr Bildschirm frei aufstellbar?	○₁	ja
		○₂	nein
	Ist Ihr Bildschirm ca. 50 - 70 cm von Ihren Augen entfernt?	○₁	ja
		○₂	nein
	Ist die oberste Zeile Ihres Bildschirms auf Augenhöhe?	○₁	ja
		○₂	nein
	Ist Ihr Bildschirm flimmerfrei?	○₁	ja
		○₂	nein
	Ist Ihr Bildschirm ohne Reflexe und Spiegelungen?	○₁	ja
		○₂	nein
	Ist der Kontrast Ihres Bildschirms gut einstellbar?	○₁	ja
		○₂	nein
	Verfügt Ihr Bildschirm über einen Strahlenschutz?	○₁	ja
		○₂	nein
		○₃	weiß ich nicht
	Ist Ihre Tastatur . . .	○₁	ja
	. . . getrennt vom Bildschirm	○₂	nein
	. . . bedienungsfreundlich?	○₁	ja
		○₂	nein
62.	Fühlen Sie sich in der Nutzung/Anwendung der eingesetzten Computerprogramme (Software) sicher?	○₁	ja
		○₂	teilweise
		○₃	nein
63.	Haben Sie an Schulungen für die eingesetzten EDV-Programme teilgenommen?	○₁	ja, für alle
		○₂	ja, für einige
		○₃	nein, würde ich gerne
		○₄	nein, brauche ich nicht

AOK - Die Gesundheitskasse

Mitarbeiterbefragung

Welchen Belastungen sind Sie an Ihrem Arbeitsplatz ausgesetzt?

64. Fühlen Sie sich durch folgende Faktoren an Ihrem Arbeitsplatz belastet?	stark	etwas	gar nicht	trifft nicht zu
ständiges Sitzen	○1	○2	○3	○4
ständiges Stehen	○1	○2	○3	○4
gebückte Haltung, Bücken	○1	○2	○3	○4
Arbeiten mit zur Seite gedrehtem Oberkörper	○1	○2	○3	○4
Arbeiten mit erhobenen Armen (Überkopfarbeit)	○1	○2	○3	○4
ununterbrochen gleiche Bewegungen	○1	○2	○3	○4
Bewegungsmangel bei der Arbeit	○1	○2	○3	○4
beengte Platzverhältnisse	○1	○2	○3	○4
Heben und Tragen schwerer Gegenstände *(Männer: mehr als 20 Kg; Frauen: mehr als 10 Kg)*	○1	○2	○3	○4
Schieben oder Ziehen von schweren Gegenständen *(Männer: mehr als 20 Kg; Frauen: mehr als 10 Kg)*	○1	○2	○3	○4
körperlich schwere Arbeit	○1	○2	○3	○4
Lärm	○1	○2	○3	○4
Erschütterungen, Stöße, Schwingungen	○1	○2	○3	○4
Wärme, Hitze	○1	○2	○3	○4
Nässe, Feuchtigkeit	○1	○2	○3	○4
Zugluft, Kälte	○1	○2	○3	○4
häufiger Wechsel zwischen Wärme und Kälte	○1	○2	○3	○4
Staub, Schmutz	○1	○2	○3	○4
Dämpfe, Gase oder Gerüche	○1	○2	○3	○4
schlechte Belüftung, Klimaanlage	○1	○2	○3	○4
Umgang mit Gefahrstoffen	○1	○2	○3	○4
Umgang mit chemischen Stoffen	○1	○2	○3	○4
Gefährdung durch Strahlung	○1	○2	○3	○4
ungünstige Beleuchtung	○1	○2	○3	○4
schlechte Sichtverhältnisse	○1	○2	○3	○4
Unfall-, Absturzgefahr	○1	○2	○3	○4
mögliche Gefahr durch Geräte/Maschinen etc., an denen Sie arbeiten	○1	○2	○3	○4
mögliche Gefahr durch Maschinen/Fahrzeuge/Geräte in Ihrer Arbeitsumgebung	○1	○2	○3	○4

Mitarbeiterbefragung

64. Fühlen Sie sich durch folgende Faktoren an Ihrem Arbeitsplatz belastet? (*Fortsetzung*)	stark	etwas	gar nicht	trifft nicht zu
unsichere Lauf- und Standfläche	$\bigcirc_1$	$\bigcirc_2$	$\bigcirc_3$	$\bigcirc_4$
harte/kalte Lauf- und Standfläche	$\bigcirc_1$	$\bigcirc_2$	$\bigcirc_3$	$\bigcirc_4$
mangelnde Erste Hilfe	$\bigcirc_1$	$\bigcirc_2$	$\bigcirc_3$	$\bigcirc_4$
Unvollständigkeit der persönlichen Schutzausrüstung (Gehörschutz, Mundschutz, Handschuhe etc.)	$\bigcirc_1$	$\bigcirc_2$	$\bigcirc_3$	$\bigcirc_4$
Termin- oder Leistungsdruck	$\bigcirc_1$	$\bigcirc_2$	$\bigcirc_3$	$\bigcirc_4$
hohes Arbeitstempo	$\bigcirc_1$	$\bigcirc_2$	$\bigcirc_3$	$\bigcirc_4$
zu große Arbeitsmengen	$\bigcirc_1$	$\bigcirc_2$	$\bigcirc_3$	$\bigcirc_4$
zu enge Vorschriften, zu wenig Handlungsspielräume	$\bigcirc_1$	$\bigcirc_2$	$\bigcirc_3$	$\bigcirc_4$
ständige Aufmerksamkeit/Konzentration	$\bigcirc_1$	$\bigcirc_2$	$\bigcirc_3$	$\bigcirc_4$
hohe Verantwortung	$\bigcirc_1$	$\bigcirc_2$	$\bigcirc_3$	$\bigcirc_4$
komplizierte Aufgaben/schwierige Entscheidungen	$\bigcirc_1$	$\bigcirc_2$	$\bigcirc_3$	$\bigcirc_4$
die erforderliche Genauigkeit	$\bigcirc_1$	$\bigcirc_2$	$\bigcirc_3$	$\bigcirc_4$
hohe Fehlermöglichkeit	$\bigcirc_1$	$\bigcirc_2$	$\bigcirc_3$	$\bigcirc_4$
Störungen oder Unterbrechungen bei der Arbeit (z.B. durch Kollegen, schlechtes Material, Maschinenstörungen, Telefonate)	$\bigcirc_1$	$\bigcirc_2$	$\bigcirc_3$	$\bigcirc_4$
unerwartete Schwierigkeiten und Probleme	$\bigcirc_1$	$\bigcirc_2$	$\bigcirc_3$	$\bigcirc_4$
geringe Planbarkeit meiner Arbeit	$\bigcirc_1$	$\bigcirc_2$	$\bigcirc_3$	$\bigcirc_4$
mangelnde Information	$\bigcirc_1$	$\bigcirc_2$	$\bigcirc_3$	$\bigcirc_4$
Ärger mit Kunden	$\bigcirc_1$	$\bigcirc_2$	$\bigcirc_3$	$\bigcirc_4$
schlechte Zusammenarbeit in „meiner Abteilung/Gruppe"	$\bigcirc_1$	$\bigcirc_2$	$\bigcirc_3$	$\bigcirc_4$
schlechte Zusammenarbeit zwischen „meiner Abteilung/Gruppe" und anderen Abteilungen/Gruppen	$\bigcirc_1$	$\bigcirc_2$	$\bigcirc_3$	$\bigcirc_4$
schlechtes Verhältnis zu meinem Vorgesetzten	$\bigcirc_1$	$\bigcirc_2$	$\bigcirc_3$	$\bigcirc_4$
eintönige Arbeit	$\bigcirc_1$	$\bigcirc_2$	$\bigcirc_3$	$\bigcirc_4$
zu viel Bildschirmarbeit	$\bigcirc_1$	$\bigcirc_2$	$\bigcirc_3$	$\bigcirc_4$
Isolation am Einzelarbeitsplatz	$\bigcirc_1$	$\bigcirc_2$	$\bigcirc_3$	$\bigcirc_4$
lange Anfahrtszeit zur Arbeit	$\bigcirc_1$	$\bigcirc_2$	$\bigcirc_3$	$\bigcirc_4$
die Zahl der Überstunden	$\bigcirc_1$	$\bigcirc_2$	$\bigcirc_3$	$\bigcirc_4$
ungünstige Arbeitszeiten	$\bigcirc_1$	$\bigcirc_2$	$\bigcirc_3$	$\bigcirc_4$
das Risiko, arbeitslos zu werden	$\bigcirc_1$	$\bigcirc_2$	$\bigcirc_3$	$\bigcirc_4$

Mitarbeiterbefragung

Wie empfinden Sie das Verhältnis zu Ihren Kollegen, Vorgesetzten, Mitarbeitern

65.	Wie beurteilen Sie das Betriebsklima in Ihrer Abteilung?	$\bigcirc_1$	sehr gut
		$\bigcirc_2$	gut
		$\bigcirc_3$	durchschnittlich
		$\bigcirc_4$	schlecht
		$\bigcirc_5$	sehr schlecht

66.	Wie arbeiten die Kollegen Ihrer Abteilung/Gruppe mit Ihnen zusammen?	$\bigcirc_1$	sehr gut
		$\bigcirc_2$	gut
		$\bigcirc_3$	durchschnittlich
		$\bigcirc_4$	schlecht
		$\bigcirc_5$	sehr schlecht

67.	Wie arbeiten die Kollegen anderer Abteilungen/Gruppen mit Ihnen zusammen?	$\bigcirc_1$	sehr gut
		$\bigcirc_2$	gut
		$\bigcirc_3$	durchschnittlich
		$\bigcirc_4$	schlecht
		$\bigcirc_5$	sehr schlecht

68.	Fühlen Sie sich von Ihren Kollegen am Arbeitsplatz anerkannt?	$\bigcirc_1$	ja, meistens
		$\bigcirc_2$	selten
		$\bigcirc_3$	so gut wie nie

69.	Helfen Sie sich bei der Arbeit gegenseitig?	$\bigcirc_1$	ja, meistens
		$\bigcirc_2$	selten
		$\bigcirc_3$	so gut wie nie

70.	Kommt es zwischen Ihnen und Ihren Kollegen zu Spannungen wegen der Arbeit?	$\bigcirc_1$	sehr häufig
		$\bigcirc_2$	häufig
		$\bigcirc_3$	manchmal
		$\bigcirc_4$	selten
		$\bigcirc_5$	sehr selten

Mitarbeiterbefragung

71.	Fühlen Sie sich von Kollegen stark kontrolliert?	○₁	nein
		○₂	manchmal
		○₃	ja

72.	Können Sie mit Kollegen offen über Ihre Probleme sprechen?	○₁	auf keinen Fall
		○₂	nur über Arbeitsprobleme
		○₃	nur über private Probleme
		○₄	ja, über Probleme jeder Art

73.	Hätten Sie gerne mehr Kontakte zu den Kollegen?	○₁	ja
		○₂	nein

74.	Ist der Umgang zwischen Vorgesetzten und Mitarbeiter/innen in Ihrer Abteilung kollegial?	○₁	ja, meistens
		○₂	selten
		○₃	so gut wie nie

75.	Ist Ihr Vorgesetzter* auf Ihre Schwierigkeiten/Probleme bei der Arbeit ansprechbar?	○₁	ja, meistens
		○₂	selten
		○₃	so gut wie nie

*gemeint ist Ihr **direkter** – nächster - Vorgesetzter*

76.	Kümmert sich Ihr Vorgesetzter* gegebenenfalls darum, dass Schwierigkeiten behoben werden?	○₁	ja, meistens
		○₂	selten
		○₃	so gut wie nie

*gemeint ist Ihr **direkter** – nächster - Vorgesetzter*

77.	Nimmt sich Ihr Vorgesetzter* ausreichend Zeit für Ihre Anliegen?	○₁	ja, meistens
		○₂	selten
		○₃	so gut wie nie

*gemeint ist Ihr **direkter** – nächster - Vorgesetzter*

78.	Informiert Ihr Vorgesetzter* Sie über Dinge, die Ihre Arbeit betreffen, rechtzeitig und ausreichend?	○₁	ja, meistens
		○₂	selten
		○₃	so gut wie nie

*gemeint ist Ihr **direkter** – nächster - Vorgesetzter*

Mitarbeiterbefragung

79.	Sorgt Ihr Vorgesetzter* dafür, dass die Arbeit gut geplant wird (zeitlich machbar, den Fähigkeiten entsprechend)?	$\bigcirc_1$ ja, meistens
		$\bigcirc_2$ selten
		$\bigcirc_3$ so gut wie nie
	*gemeint ist Ihr **direkter** – nächster - Vorgesetzter*	

80.	Bespricht Ihr Vorgesetzter* Ihre Aufgaben ausreichend mit Ihnen?	$\bigcirc_1$ ja, meistens
		$\bigcirc_2$ selten
		$\bigcirc_3$ so gut wie nie
	*gemeint ist Ihr **direkter** – nächster - Vorgesetzter*	

81.	Bekommen Sie von Ihrem Vorgesetzten* Rückmeldung über die Qualität Ihrer Arbeit?	$\bigcirc_1$ ja, meistens
		$\bigcirc_2$ selten
		$\bigcirc_3$ so gut wie nie
	*gemeint ist Ihr **direkter** – nächster - Vorgesetzter*	

82.	Erkennt Ihr Vorgesetzter* gute Leistungen lobend an?	$\bigcirc_1$ ja, meistens
		$\bigcirc_2$ selten
		$\bigcirc_3$ so gut wie nie
	*gemeint ist Ihr **direkter** – nächster - Vorgesetzter*	

83.	Wie kritisiert Ihr Vorgesetzter*, wenn mal ein Fehler passiert?	$\bigcirc_1$ immer sachlich und angemessen
		$\bigcirc_2$ meistens sachlich und angemessen
		$\bigcirc_3$ mal sachlich und angemessen, mal nicht
		$\bigcirc_4$ nie sachlich und angemessen
	*gemeint ist Ihr **direkter** – nächster - Vorgesetzter*	$\bigcirc_5$ er kritisiert Fehler so gut wie überhaupt nicht

84.	Fühlen Sie sich durch Kollegen oder Vorgesetzte* häufig zu Unrecht kritisiert, schikaniert oder vor anderen bloß gestellt?	$\bigcirc_1$ ja
		$\bigcirc_2$ nein
		$\bigcirc_3$ weiß nicht
	*gemeint ist Ihr **direkter** – nächster - Vorgesetzter*	

85.	Weist Ihr Vorgesetzter* Sie vor anderen zurecht?	$\bigcirc_1$ ja
		$\bigcirc_2$ nein
	*gemeint ist Ihr **direkter** – nächster - Vorgesetzter*	

Mitarbeiterbefragung

86.	Fühlen Sie sich von Ihrem Vorgesetzten* stark kontrolliert?	$\bigcirc_1$	ja
		$\bigcirc_2$	manchmal
	*gemeint ist Ihr **direkter** – nächster - Vorgesetzter	$\bigcirc_3$	nein

87.	Beachtet Ihr Vorgesetzter* Ihre Meinung bei wichtigen Entscheidungen?	$\bigcirc_1$	ja, meistens
		$\bigcirc_2$	selten
	*gemeint ist Ihr **direkter** – nächster - Vorgesetzter	$\bigcirc_3$	so gut wie nie

88.	Nimmt Ihr Vorgesetzter* auf persönliche Angelegenheiten und Befindlichkeiten Rücksicht?	$\bigcirc_1$	ja, meistens
		$\bigcirc_2$	selten
		$\bigcirc_3$	so gut wie nie
	*gemeint ist Ihr **direkter** – nächster - Vorgesetzter		

89.	Fühlen Sie sich von Ihrem Vorgesetzten* gerecht behandelt?	$\bigcirc_1$	ja, meistens
		$\bigcirc_2$	selten
	*gemeint ist Ihr **direkter** – nächster - Vorgesetzter	$\bigcirc_3$	so gut wie nie

90.	Fühlen Sie sich durch Ihren Vorgesetzten* gefördert?	$\bigcirc_1$	ja
		$\bigcirc_2$	zum Teil
	*gemeint ist Ihr **direkter** – nächster - Vorgesetzter	$\bigcirc_3$	fast gar nicht
		$\bigcirc_4$	nein

91.	Ist das Verhältnis zu den Ihnen unterstellten Mitarbeiter/innen gut?	$\bigcirc_1$	ja
		$\bigcirc_2$	teilweise
		$\bigcirc_3$	nein
		$\bigcirc_4$	mir ist niemand unterstellt

AOK - Die Gesundheitskasse

Mitarbeiterbefragung

Wie wohl fühlen Sie sich in der Firma?

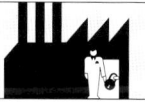

92. Wie gefällt Ihnen Ihre Arbeit insgesamt?

$\bigcirc_1$	sehr gut
$\bigcirc_2$	gut
$\bigcirc_3$	teils, teils
$\bigcirc_4$	nicht so gut
$\bigcirc_5$	gar nicht

93. Wie zufrieden sind Sie mit folgenden Aspekten Ihrer Arbeit?

	sehr zufrieden	im Großen und Ganzen zufrieden	eher unzufrieden	sehr unzufrieden
Einkommen	$\bigcirc_1$	$\bigcirc_2$	$\bigcirc_3$	$\bigcirc_4$
Sozialleistungen/-einrichtungen	$\bigcirc_1$	$\bigcirc_2$	$\bigcirc_3$	$\bigcirc_4$
Aufstiegsmöglichkeiten	$\bigcirc_1$	$\bigcirc_2$	$\bigcirc_3$	$\bigcirc_4$
Arbeitszeitregelung	$\bigcirc_1$	$\bigcirc_2$	$\bigcirc_3$	$\bigcirc_4$
Betriebsklima	$\bigcirc_1$	$\bigcirc_2$	$\bigcirc_3$	$\bigcirc_4$
Ihren Vorgesetzten	$\bigcirc_1$	$\bigcirc_2$	$\bigcirc_3$	$\bigcirc_4$
Art und Inhalt der Tätigkeit	$\bigcirc_1$	$\bigcirc_2$	$\bigcirc_3$	$\bigcirc_4$
Räumliche Verhältnisse, Umfeld des Arbeitsplatzes	$\bigcirc_1$	$\bigcirc_2$	$\bigcirc_3$	$\bigcirc_4$
Arbeitsdruck und Arbeitsbelastung	$\bigcirc_1$	$\bigcirc_2$	$\bigcirc_3$	$\bigcirc_4$
Anerkennung der Leistung	$\bigcirc_1$	$\bigcirc_2$	$\bigcirc_3$	$\bigcirc_4$
Möglichkeiten, Ihre Fähigkeiten anzuwenden	$\bigcirc_1$	$\bigcirc_2$	$\bigcirc_3$	$\bigcirc_4$
Möglichkeit, selbständig zu arbeiten	$\bigcirc_1$	$\bigcirc_2$	$\bigcirc_3$	$\bigcirc_4$
Möglichkeiten, sich weiterzubilden und hinzuzulernen	$\bigcirc_1$	$\bigcirc_2$	$\bigcirc_3$	$\bigcirc_4$
Sicherheit vor Kündigung	$\bigcirc_1$	$\bigcirc_2$	$\bigcirc_3$	$\bigcirc_4$
Mitwirkungsmöglichkeiten am Arbeitsplatz	$\bigcirc_1$	$\bigcirc_2$	$\bigcirc_3$	$\bigcirc_4$
Unternehmensziele/-politik	$\bigcirc_1$	$\bigcirc_2$	$\bigcirc_3$	$\bigcirc_4$
Ansehen der Firma in der Öffentlichkeit	$\bigcirc_1$	$\bigcirc_2$	$\bigcirc_3$	$\bigcirc_4$

94. Fühlen Sie sich im Unternehmen insgesamt gut aufgehoben?

$\bigcirc_1$	ja
$\bigcirc_2$	teilweise
$\bigcirc_3$	nein

Mitarbeiterbefragung

95.	Wenn Sie heute noch einmal zu entscheiden hätten, würden Sie dann wieder in diesem Unternehmen arbeiten?	$\bigcirc_1$	auf jeden Fall
		$\bigcirc_2$	ja, unter bestimmten Voraussetzungen
		$\bigcirc_3$	wahrscheinlich nicht
		$\bigcirc_4$	auf keinen Fall

96.	Können Sie Ihre beruflichen Ziele mit den privaten in Einklang bringen?	$\bigcirc_1$	ja, meistens
		$\bigcirc_2$	nur zum Teil
		$\bigcirc_3$	häufig nicht
		$\bigcirc_4$	so gut wie nie

97.	Fühlen Sie sich über wesentliche Dinge im Unternehmen ausreichend und rechtzeitig informiert?	$\bigcirc_1$	ja, meistens
		$\bigcirc_2$	selten
		$\bigcirc_3$	so gut wie nie

98.	Über welche Themen möchten Sie in erster Linie mehr wissen? (Sie können bis zu 3 Antworten ankreuzen)	$\bigcirc_1$	keine Wünsche
		$\bigcirc_1$	was die Geschäftsleitung vorhat
		$\bigcirc_1$	über das wirtschaftliche Umfeld
		$\bigcirc_1$	über die Arbeit des Betriebsrates
		$\bigcirc_1$	wie unser Betrieb arbeitet und ausgelastet ist
		$\bigcirc_1$	wie unsere Firma aufgebaut und organisiert ist
		$\bigcirc_1$	wie andere Abteilungen arbeiten
		$\bigcirc_1$	Zusammensetzung und Berechnung meines Lohnes/Gehalts
		$\bigcirc_1$	tarifvertragliche Regelungen (Arbeitszeit, Urlaub, Entgeltgruppen usw.)
		$\bigcirc_1$	über Aufstiegsmöglichkeiten im Unternehmen
		$\bigcirc_1$	Sonstiges (bitte nennen)

Mitarbeiterbefragung

99.	Haben Sie die Möglichkeit, in ausreichendem Maße Weiterbildungsangebote zu nutzen?	$\bigcirc_1$	ja
		$\bigcirc_2$	nein
		\multicolumn{2}{l	}{**Wenn nein, was sind die Gründe dafür?** (Sie können bis zu 3 Antworten ankreuzen)}
		$\bigcirc_1$	das Angebot entspricht nicht meinem Weiterbildungsbedarf / es nutzt mir bei meiner Arbeit nicht viel
		$\bigcirc_1$	meine Arbeit lässt mir nicht genügend Zeit dazu
		$\bigcirc_1$	mein Vorgesetzter stellt mich dafür nicht frei
		$\bigcirc_1$	werden mir nicht angeboten
		$\bigcirc_1$	andere Kollegen werden bevorzugt
		$\bigcirc_1$	Schichtarbeit hindert mich an Teilnahme
		$\bigcirc_1$	nein, dann bleibt zu wenig Zeit für die Familie/mein Privatleben

100.	Hindert Sie etwas daran, beruflich weiterzukommen? (Sie können bis zu 3 Antworten ankreuzen)	$\bigcirc_1$	**nein**, mich hindert nichts
		$\bigcirc_1$	**nein**, ich möchte z.Z. nichts anderes machen
			ja, mich hindert vor allem:
		$\bigcirc_1$	an meinem Arbeitsplatz gibt es keine Aufstiegsmöglichkeiten
		$\bigcirc_1$	in Frage kommende Positionen sind bereits besetzt
		$\bigcirc_1$	mir fehlt eine klare berufliche Perspektive
		$\bigcirc_1$	habe noch zu wenig betriebliche oder berufliche Erfahrung
		$\bigcirc_1$	werde durch Erziehungsaufgaben am Fortkommen gehindert
		$\bigcirc_1$	werde als Frau/Mann benachteiligt
		$\bigcirc_1$	werde durch Vorgesetzte zu wenig gefördert
		$\bigcirc_1$	Sonstiges (bitte nennen)

Mitarbeiterbefragung

Zum Schluss noch einige Angaben zu Ihrer Person

101. Geschlecht:
- ○₁ männlich
- ○₂ weiblich

102. Wie alt sind Sie?
- ○₁ jünger als 20 Jahre
- ○₂ 20-29 Jahre
- ○₃ 30-39 Jahre
- ○₄ 40-49 Jahre
- ○₅ 50-59 Jahre
- ○₆ 60 Jahre und älter

103. Welches ist Ihr höchster Schulabschluss?
- ○₁ kein Schulabschluss
- ○₂ Hauptschule/Volksschule/Abschluss 8. Klasse
- ○₃ Mittlere Reife/Realschulabschluss/Abschluss 10. Klasse
- ○₄ Fachhochschulreife/Abitur/Hochschulreife
- ○₅ anderer Schulabschluss

104. Wie lange sind Sie bereits im Unternehmen tätig?
- ○₁ weniger als 2 Jahre
- ○₂ 2 - 5 Jahre
- ○₃ 6 - 10 Jahre
- ○₄ 11 - 20 Jahre
- ○₅ 21 Jahre und länger

105. Sind Sie gegenwärtig in einem befristeten oder in einem unbefristeten Arbeitsverhältnis?
- ○₁ befristet
- ○₂ unbefristet
- ○₃ weiß nicht

106. Wie lange üben Sie schon Ihre gegenwärtige Tätigkeit aus?
- ○₁ weniger als 2 Jahre
- ○₂ 2 - 5 Jahre
- ○₃ 6 - 10 Jahre
- ○₄ 11 - 20 Jahre
- ○₅ 21 Jahre und länger

Mitarbeiterbefragung

107. In welcher beruflichen Stellung sind Sie derzeit?	O_1	Auszubildende/r
	O_2	Arbeiter/in
	O_3	Facharbeiter/in
	O_4	Angestellte/r

108. Haben Sie Mitarbeiter, für die Sie die/der direkte Vorgesetzte sind?	O_1	ja
	O_2	nein

109. In welcher Abteilung/Gruppe arbeiten Sie?	O_1	*unternehmensspezifisch*
	O_2	
	O_3	
	O_4	
	O_5	
	O_6	
	O_7	
	O_8	
	O_9	
	O_{10}	

110. Wie kommen Sie in der Regel zu Ihrem Arbeitsplatz?	O_1	mit dem Auto oder Motorrad
	O_2	mit öffentlichen Verkehrsmitteln
	O_3	mit dem Fahrrad oder zu Fuß

111. Wie viel Zeit brauchen Sie für den Weg von Ihrer Wohnung zu Ihrem Arbeitsplatz?	O_1	bis 30 Minuten
	O_2	bis 1 Stunde
	O_3	mehr als 1 Stunde

112. Sind Sie bei der AOK versichert?	O_1	ja
	O_2	nein

Vielen Dank für's Mitmachen!

Anhang